難行 能行

教練的力量，從利他到卓越

梅家仁 ——著

獻 詞

　　我想要將本書獻給我的母親——夏慰慈,她是一位偉大的「難行能行」的女性代表,從夏家的千金小姐到嫁給一位一文不名的軍人,飄洋過海來臺灣,含辛茹苦地撫養五位子女長大,從她身上我學會勤奮與無我的付出,也看見難行之路,透過勤奮與毅力,都可以達成。感謝母親在天之靈的眷顧,讓我能順利出版本書!

致謝

這本書能出版要感謝很多人，首先要感謝介紹出版社給我的洪震宇，沒有他的牽線，我不會有這個機會認識張老師文化出版公司，接著要感謝提供書的風格意見給我的老公 Chris、鼓勵我的女兒 Vicky 與好友 Nancy，以及提供非教練讀者意見的好友 Emily 與敏璿。

謝謝你們，我邀請了許多人給我意見，但是你們真心待我，及時地給我回饋，讓我可以修改與進步！

本書最精華的部分在覺察與無我，我很感謝我的師父頂峰無無禪師，沒有他的教導與以身作則，我不會有這麼清楚的覺察與無我的領會，也無法寫出這本書。

最後要感謝這十幾年教練生涯的客戶與學員們，謝謝你們提供給本書的素材，讓你們的經驗能被更多讀者學習與看見！

目 錄
Contents

推薦序　宛如溫暖的光，退散陰霾　王貞勻………007
　　　　　難行能行，自有光亮　羅雪茹………009
　　　　　陪伴自己，也陪伴世界　林裕丞………012
　　　　　走一條向內探問的英雄之路　高愈惠………014
　　　　　教練是無我利他的修練之道　魏美蓉………017
　　　　　第一，不是終點，是一場更寬的旅程　吳思慧………020
　自序　為自己的未來出征………022

緒論　難行能行的啟程………027
開啟第二人生的鑰匙………029
教練式領導人的價值觀………036
教練學習之路………041
達真國際教練學校成立………046
GROW Model的教練模式………050
總結………065
反思與行動………067
附錄一：Wheel of Life 生命之輪………068

第一部　突破的力量——成為第一的挑戰………069
成為第一的挑戰………075

突破的力量──內在動機⋯⋯⋯083
內在動機與使命⋯⋯⋯092
刻意練習⋯⋯⋯097
逆境復原力⋯⋯⋯104
總結⋯⋯⋯113
反思與行動⋯⋯⋯116
附錄二：模糊容忍度測驗⋯⋯⋯117

第二部　十年心路歷程──自我覺察與成長⋯⋯⋯121

什麼是自我覺察⋯⋯⋯127
覺察的方法之一：覺觀⋯⋯⋯134
覺察的方法之二：心法日記──自我教練⋯⋯⋯148
覺察的方法之三：不二聆聽──耳根圓通⋯⋯⋯190
總結⋯⋯⋯197
反思與行動⋯⋯⋯200

第三部　MCC 教練之道──從小我、大我到無我⋯⋯⋯201

小我⋯⋯⋯204
反思與行動⋯⋯⋯229
大我⋯⋯⋯230
反思與行動⋯⋯⋯239
無我⋯⋯⋯240
反思與行動⋯⋯⋯276
總結⋯⋯⋯277

結語　難行能行的啟示──覺察自己，成就他人，走出你的第一⋯⋯⋯279

推薦序
宛如溫暖的光，退散陰霾

王貞勻

（璀莉緹股份有限公司創辦人、雲風股份有限公司董事長）

如果你打開這本書讀得津津有味，表示你一定是一個渴望不斷自我學習成長的人。恭喜你！不論你學過教練與否，如果你願意照著這本武功祕笈修練，你即將成為更有智慧、更人道的自己，也將邁向更快樂、更有方向的人生。

自大學時期心中就一直有個疑問：「人生的目的到底是什麼？」想明白人生的真理，所以不斷地追尋探討，在學習了一系列大乘經典後才了解到，學佛不是宗教膜拜、不是參加法會，更不是燒香拜拜求保佑。真正的學佛是藉由學習佛的智慧，幫助自己和他人從簡單的斷煩惱、斷苦厄，到更進階的成就更快樂、更圓滿的人生。佛法幫助我奠定了人生目標和意義，在我的生命和生活中都帶來莫大的助益，可是知道和做到是兩回事。就在我覺得這是唯一真理、要做到何其不易時，我認識了達真、認識了Joyce。Joyce所教簡直是將莫測高深的修行智慧化作簡單的方法，教我怎麼清楚明白

地去實踐「成為一個更好的人」。星雲大師曾經說過,「有佛法就有辦法」,Joyce 創立的達真國際教練學校就是把理論化為簡單的實踐,把辦法步驟教給我們,讓我再也不會有望塵莫及、知易行難的困惑。佛法教給了我智慧理論,達真教給了我實踐手冊。

當她在書中提出一個道理,例如「愛的第一個責任是聆聽」,她便會教導我們如何去聆聽。

這本書是 Joyce 的武功祕笈,她大方無私地把人生中學習的煎熬與蛻變分享出來,書中任何一段都值得拿來作為座右銘細細咀嚼,不但發人省思,也給出了許多明確的辦法和方向。

我深受書中許多片段的啟發和感動。尤其是〈大我〉篇,如果我可以將自己提升到大江大海的境界,那麼人生中不管多大、多尖銳的巨石都將不再成為阻礙,而是美麗的風景。

我也十分欣賞這句話「陪自己穿越」,而且很感謝 Joyce 的鼓勵。每個人都是一個人來、一個人走,不管這一生有什麼機緣、將面對什麼未來,自己是自己最大的阻礙,自己也是自己最大的助力。現在流行「愛自己」,本書也提出許多方法教我們怎麼「陪自己穿越」。

如果你哪天也有幸能上達真的課,遇見一位導師,沒有筆挺的套裝、沒有高高在上的威嚴,而是宛如一道非常溫暖的光,不僅將退散籠罩你的陰霾,還會傳遞揚帆再起的力量,那就是 Joyce!

難行能行

推薦序
難行能行，自有光亮

羅雪茹

（宇瞻科技股份有限公司副總經理）

與校長及教練的緣起

五年前，我初識教練，懷著一股熱忱投入這個陌生卻深具吸引力的領域。當時的我，只是單純想取得一紙證照，偶然在網路上搜尋到達真國際教練學校，便踏上這趟教練學習之旅。學習初期困難重重，教練這門專業遠非一蹴可幾。還記得某個學習日，從清晨到夜晚課程結束後，我疲憊地坐在教室裡，校長走向我，語氣溫和卻帶著穿透力地問：「妳不喜歡教練嗎？」這一問，讓我當下沉澱，也感受到她對教練專業的熱情與堅持。從那時起，我開始好奇：究竟是什麼樣的信念與力量，能讓她如此投入、如此閃耀？直到今日，我終於明白——那是源於一種「無我利他」的精神。

我認識的大師教練督導

在申請 PCC 證照的過程中，我有幸成為校長的督導學員，近

距離體會她作為大師教練的風範。她勤奮準備、事前引導、會談聚焦，步步為營卻又給人無形的空間。她如同一面鏡子，不帶評價地映照出我未曾意識到的習性與盲點。比方說，我在科技業多年，習慣用理性提問處理問題；然而，她卻引導我學會放下思考，學會用同理去傾聽、用感受去回應。在她的陪伴與支持下，我不只學會教練職能，更學會運用心法。她提醒我，同理與關懷是我的力量，也是我作為教練最溫柔且堅實的基底。

本書的精采篇章

本書以五大章節鋪陳作者的教練歷程與生命轉化，每一篇皆是一段心靈旅程：從啟程的迷惘，到突破的蛻變；從自我覺察的練習，到成為 MCC 大師教練的淬煉；從小我的盲點，到看見大我視角，最終走向無我的寧靜與自由。緒論〈難行能行的啟程〉帶領讀者理解作者走上教練之路的初衷與挑戰；〈突破的力量——成為第一的挑戰〉揭露她在申請 MCC 過程中遇到的困難與堅持的動機；〈十年心路歷程——自我覺察與成長〉則系統性介紹了從覺觀（Mindfulness）、心法日記到不二聆聽等實用的覺察方法；接續的〈MCC 教練之道——從小我、大我到無我〉深入探索教練精神，並透過實際對話示例，引導讀者實踐「從小我到無我」的轉化。全書最後〈難行能行的啟示——覺察自己，成就他人，走出你的第一〉則總結核心心法：覺察是起點，無我利他是力量。最讓人動容的，是作者毫不藏私地分享教練心法與工具，不僅系統且務實，讀者能清楚理解，更能立即練習、應用。

無我利他：走出自己的巔峰

「無我利他」不是標語，而是作者以生命實踐的信仰。她創立教練學校、培育人才，不為名利，而是希望幫助更多人看見自己、相信自己、活出自己。書中提到：「走出第一，不是為了超越他人，而是為了完成自己的使命。」這句話也深深印在我心裡。這是一本溫柔卻堅定的書，誠摯推薦給每一位讀者——不論你是職場領導人、教練學習者，或正在尋找生命意義的你。願我們在難行之路上，都能帶著這份利他的初心，走出屬於自己的光亮。

推薦序
陪伴自己，也陪伴世界

林裕丞
（新加坡商鈦坦科技戰略顧問）

　　第一次見到梅家仁校長 Joyce，是在 2020 年的教練課堂上。那時我對「教練」這個領域還很陌生，當時教練（Coach）、老師（Trainer）、導師（Mentor）三者對我來說好像是差不多的概念，只是不同的說法，只記得她站在講台上，語氣溫柔卻有力量，總能把教練的概念講得貼近人心。她不是告訴你怎麼變得更好，而是一步步帶你看見：原來你早已完整。

　　《難行能行：教練的力量，從利他到卓越》是一本很特別的書。它不像傳統教練書那麼理論，也不只是人生故事那樣感性，而是 Joyce 真實走過的經驗與洞察，是她二十多年教練歷程中，用心陪伴出來的智慧。你會看到她如何從國外學習 GROW 模型、神經語言學（NLP）、4F、大我、薩提爾冰山、價值觀檢測（VIA）、模糊容忍度（Ambiguity Tolerance）等工具，又如何把這些方法帶回臺灣，落地成為許多人的生命轉捩點。

她沒有灌輸一套成功學，而是讓我們看見——教練，不只是問對問題的技術，更是一種以「無我」之心陪伴他人蛻變的修行。書中有很多真實的企業與個案故事，我相信任何在工作、家庭、人際關係中想用心活出「利他」的人，都會從中得到啟發。

　　我特別記得書裡說：「願力的真正起點，是自我覺察。」不是一味地扛責任，也不是努力去改變別人，而是先看見自己，然後才有力量真正支持別人。

　　Joyce 的教練路從來不只是她一個人的旅程，她總是希望帶著更多人一起走。透過這本書，她邀請你一起來探索：「我們能不能用更真誠的方式，陪伴自己，也陪伴這個世界？」

　　如果你此刻正站在人生或職場的十字路口，也許本書會是你新的地圖，也可能是在覺察的路上巧遇的同行者。

（本文作者為台灣敏捷協會創會理事長、YVESLIN.com《黑手阿一的實戰報告》部落格作者）

推薦序
走一條向內探問的英雄之路

高愈惠

（IBM 諮詢合夥人）

在顧問的生涯中，我們最常面對的挑戰，從來不是技術的複雜，而是人心的糾結，那是一張由公司內部、客戶乃至無數合作夥伴的人際關係、期望與權力交織而成的大網。身陷其中，我們不禁想問：如何才能理清這團亂麻，在這條「難行」之路上，找到篤定前行的方向？

我曾以為答案在於更完美的計畫、更專家式的領導，直到我肩上的責任從百人擴展至五百人的顧問團隊時，我才意識到，真正的槓桿點不在「事」，而在「人」；真正的領導力，不是來自「管控」，而是源於「賦能」。這份覺醒，促使我上網搜尋，尋找能將「教練式領導」化為實踐的途徑。

在眾多選擇中，我最終走進了達真國際教練學校，原因無他，只因我強烈感受到，這裡的追求，是重「道」而非僅僅是「術」——培育出一個真正願意陪伴生命、點亮他人的「教練」，遠比打造一

個只會應考的認證專家,來得重要。

在達真國際教練學校近一年的學習,是一場無比緊湊與充實的深刻洗禮,每個假日的課程都帶來新的領悟與感動,平日更要投入時間寫作業、與夥伴們反覆練習,這句「只有不斷練習,才會真正學習」的話,是我深信不移的準則,也驅使我將這份學習帶回我的團隊,啟動屬於我的「難行能行」旅程。

記得團隊中一位自我要求極高的主管來找我,為了團隊成員一直無法達到他的標準而糾結與氣餒,在對話中我才發現,這位主管心中有一把衡量成果的高標尺,卻從未真正與團隊說明他的期待。因此,當同仁的產出未達標時,他便在心中感到氣憤,困惑著「這怎麼會做不到」,當我溫柔地陪伴他「看見」自己認知與行為之間的巨大落差時,他心中的糾結鬆開了,我也被那份由覺察帶來的轉化,深深觸動。

再次展讀校長的新書,彷彿當年的課堂重現眼前,這本書,將校長數十年「無我利他」的功力化為字字珠璣,為所有在「難行之路」上徘徊的我們點亮一盞心燈。它最珍貴之處,在於書中俯拾皆是、發人深省的提問與故事。

- **如果你是一位持續修練的教練**,這是一本心法祕笈,它將淬煉你我熟悉的教練模型,卻又直指核心,讓你重溫初心。
- **如果你是一位力求突破的領導者**,這是一扇邀請之窗,它將引你窺見權力之外,另一種領導方式對團隊的深刻影響力。
- **如果你正處於人生的十字路口**,這是一面澄澈之鏡,它將映照出你內心的迷霧與渴望,陪伴你找到安身立命的方向。

誠摯地將這本充滿智慧與力量的好書推薦給你，願我們都能在校長的智慧引領下，學會向內「覺察」，實踐向外的「利他」，最終微笑且堅定地，走上那條屬於自己的「難行能行」之路。

推薦序
教練是無我利他的修練之道

魏美蓉

（前WTW美商韋萊韜悅大中華區策略長暨國際市場幕僚長）

2024年Gallup《全球職場報告》指出，高達58%的全球員工在工作中感到「極為吃力」；WTW韋萊韜悅《2024員工健康及福祉》調查更顯示，臺灣員工過勞（Burnout）指數高達36%，居全球之冠。調查中也指出，不同國家如澳洲、香港、日本、臺灣等員工，對於提升身心健康希望獲得的企業措施之一，不約而同地都出現了「教練」（Coaching）的方法。

根據國際教練聯盟（ICF）2024年2月的報告，全球認證教練人數已超過五萬人，較三年前增長近50%。可見「教練」的需求正在快速增加，反映了企業對人才成長的重視；「教練」也成為當代的顯學。

輝達科技（NVIDIA）執行長黃仁勳曾接受《紐約時報》（*New York Times*）採訪，記者好奇地詢問他獨特的領導力時，黃仁勳提到：「我大概就是給的答案少了，但問的問題卻多得多了⋯⋯

我現在可能幾乎整天就只是在問問題」，他繼續說道：「透過不斷追問，我協助（我的管理團隊）⋯⋯探索他們沒有意識到需要探索的想法。」

在 AI 的時代，問對問題比給答案更重要，「教練」的價值，正是不給答案，而是透過有效提問、積極聆聽與深度同理，幫助對方自我覺察、釐清真正的需求、明確目標與行動力，進而自己找到答案，並建立自信；教練就是陪伴他人成長的歷程。

看完梅校長的《難行能行：教練的力量，從利他到卓越》這本書，非常感動、受益良多！感動的是她真誠無私、一心利他、勤奮專業、精益求精的情懷，並禮敬她無我利他的修練，她將近二十年學習「教練」的心路歷程，從自覺覺他、自利利他的真實修練經驗分享，並結合理論與實踐，難行能行，很珍貴！

受益的是她將佛法智慧與西方教練、心理、諮商理論的融合，發展出達真國際教練學校獨特的學習理論架構和實操演練方法，非常不容易，我也是受惠者之一，很感恩！

我擔任三十多年組織內外部轉型顧問，同時也是企業經營者、領導者，深刻體會領導力的核心是真誠、利他的溝通與人際互動，具備「心領導力」（Lead from the Inside Out），才能成為優質的領導者。

1. 自覺覺他的人際互動

領導他人之前，需要先領導自己，「自我覺察」是第一步！觀察自己的起心動念、語言及非語言的行為展現、及其對他人的影

響,進而覺察他人內心深處的需求、渴望、價值觀等。自覺是改變的開始。

2. 以他人為中心的對話

以開放、好奇、欣賞的心,深度同理對方的內在需求和渴望,尤其是與自己截然不同的個性特質,不預設立場,好奇的心態尤為重要,才能真正懂得對方的心。因此,「心領導力」更需有「自覺」,才能「覺他」,提出對對方有助益的提問和對話。

3. 以利他助人為初發心

時時檢視自己的動機,以真心誠意、利他助人為初發心,才能發揮真正的影響力,對他人有所助益,並且在助人歷程中得到最大的「自助」。

這本書正是分享如何藉由教練的學習,自覺覺他、自利利他的修行之道,並使每一個人都成為自己生命的領導者。希望讀者都能和我一樣,不但讀後收穫滿滿,更能應用在日常生活、工作場域,找回心的自主權,成為更好的自己,提升自我,進而善行利他,讓世界更美好!

推薦序
第一，不是終點，
是一場更寬的旅程

吳思慧

（四零四科技董事長特助、前 Moxa Inc. 聯合執行長）

　　認識 Joyce，是在我剛接任公司最高領導人的那一年。

　　那時，我與兩位夥伴共同扛起整個組織的未來。從外界的眼光來看，那是一段「走向第一」的旅程，但對我來說，那更是一段看不見的內在擴張。我知道，要承接這樣的角色，我需要的不只是知識與決策力，更需要一顆能容納複雜與不確定的心。

　　就是在那時，「無我利他」這四個字吸引了我，我決定尋求 Joyce 的協助。

　　從那時起，我們展開了長達十年的同行旅程。Joyce 以教練的角色陪伴我——不只是陪我解決問題，更在一次次領導挑戰中，引導我回到自己，看到更多可能性。她總能在我看不見出路時，讓我重新看見自己的信念與選擇。

我曾經以為，成為「第一」意謂著站得高、扛得多。但在她的陪伴下，我慢慢明白，第一不是終點，而是一場無限賽局的開始。它不是關於「做得更多」，而是「活得更對齊」。不是為了贏，而是為了持續成為自己相信的那個人。

讀這本書時，我幾乎可以一頁頁對應起我們這些年來走過的對話與提問。書裡的節奏與語氣，就像 Joyce 本人——誠實、內斂、有力卻不逼迫。她談的不只是卡關與轉化，更重要的是，那些你可以真實練習的行動——如何與內在對話、如何辨識情緒訊號、如何設立邊界、重新建構自己的秩序。

Joyce 的特質，一直讓我深深敬佩。她總把他人放得比自己還重要，她以誠實為本、以行動落地，從不只是說，而是真正走出她所相信的每一步。她堅定的口吻，很多時候甚至比我自己更相信自己，而這份真實，也讓我在許多關鍵時刻有了勇氣向前。

她不只是教練，更像是一面鏡子，一個容器。讓我們這些走在企業、走在責任、也走在內在掙扎中的人，有一個地方可以暫時停靠——不為了解決，而是為了更清楚自己想怎麼走。

如果你此刻也在職涯的高處，卻偶爾感到孤單；或在人生的中場，渴望一種更新，那麼，這本書可能會為你打開一扇新的門。

那是一條不必靠戰勝別人，而是學會與自己好好相處的路。

謝謝 Joyce。謝謝她用十年的陪伴，幫助我成為一個更穩定、更寬容也更有力量的自己。也謝謝她，選擇把這些經驗寫下來，讓更多人看見：領導，不一定要更強，有時候，是更誠實、更貼近、更完整。

自序
為自己的未來出征

　　臺灣現在已經進入高齡時代,我寫作此書時已經是高齡老人,這本書也是我的第一次嘗試,希望藉著我這個平凡人的平凡故事,讓進入高齡的老人們有個期待與希望,一方面也想鼓勵所有在VUCA——Volatility(易變性)、Uncertainty(不確定性)、Complexity(複雜性)、Ambiguity(模糊性)——多變不確定時代的上班族,不要被不確定性打倒,每個人都可以創造自己的卓越與第一。

　　我在教練路上,從一開始學教練,經歷的就是不確定與複雜,走上臺灣第一位MCC(Master Certified Coach)大師教練的申請之路,更是遇見非常多的模糊與不可知的變化,如果像我這麼平凡的人都可以走過來,成為臺灣第一位大師教練,那麼我想大家也都可以做到。

　　為何說我是一個平凡人呢?我從小家境並不富足,父親是軍人,家裡有五個小孩,只靠父親微薄的薪俸維生,小時候的印象就是母親會把我們姊弟鎖在家裡,自己去幼稚園上班,幼稚園的薪水

也不高，無法貼補家用，所以母親就開始自己做生意。家裡的經濟好轉是在我大約小學四年級時，但也只是小康，母親不再需要跟鄰居借柴米油鹽而已。

　　唯一讓我的父母親驕傲的是，我們幾個孩子讀書都沒有讓他們操心，父母親沒有受過高等教育，母親是專科畢業，但是我們幾個小孩都上了台大，我跟姊姊還出國讀了碩士。從小我也不知道自己要什麼，小時候想過要當律師，但是很快就發現，律師要背很多法律條文，那不是我擅長的。這輩子除了選老公與生小孩是按照我的計畫進行，其他都是老天的安排，或者說是我「無我利他」的信念下的安排，而這麼沒有計畫的人生，能夠走到臺灣第一位 MCC 大師教練的角色，我到現在都還是非常感恩。這也促使我寫這本書，讓沒有清楚規劃人生的讀者們（我相信是大多數）不要氣餒，希望我的故事能夠給大家一些借鏡與希望，人生只要一步一步踏踏實實地走下去，未來總是一片美好的。

　　其實我是一個內向的人，出書、打知名度從來都不是我的選項，我從小就不喜歡社交也避免社交，在公眾場合最希望的就是沒人發現我的存在。MBTI 裡我是 ISTJ，是個內向、實事求是的行動派。35 歲時雖然也曾經投入過業務工作，但是到目前為止，業務仍然是我最不喜歡的工作。

　　這麼一個內向的人為何想要出書呢？這要感謝我的「無我利他」價值觀。我的工作夥伴催促我出書已經五年了，疫情期間，我的公司——達真國際教練學校，很辛苦地挺了過來，本以為疫情後可以好好喘口氣，但是臺灣的教練市場突然多出很多競爭者，反而

是在臺灣深耕十幾年的達真變成了弱勢。我們不愛名利的個性在企業的環境裡，已經不再是優點了。為了讓我的合作夥伴們不再那麼辛苦地招生，同時也因為看到 VUCA 時代年輕人與職場領導人的困擾，我決定出這本書，介紹一下我如何突破所有的困境，達到「難行能行」的目標。

　　本書共分五個部分，簡介如下：

　　1. 緒論：難行能行的啟程：介紹我如何開始這段教練之路、碰到的困難，以及如何突破的過程，裡面也介紹了一些工具的應用，幫助讀者自我教練。

　　2. 第一部：突破的力量──成為第一的挑戰：談到 ICF 對 MCC 大師教練的要求，我在申請 MCC 過程中遇到的困難與挑戰，以及我是如何突破的，此篇特別強調內在動機的重要，也提供了一些方法與工具。

　　3. 第二部：十年心路歷程──自我覺察與成長：這裡特別介紹什麼是自我覺察、覺察的重要性，以及覺察的方法。覺察法從基礎 Mindfulness 覺觀與身體掃描開始，到對教練特別重要的不二聆聽的方法，另外也介紹覺察的心法，以及達真心法日記的做法。

　　心法日記是每個人都可以在家自我記錄來增加覺察的方式，在達真行之有年，對學員的幫助很大，特別在這裡介紹給讀者，希望大家都能夠每日實踐，很快地你就會發現，自己有一個更快樂與沒有煩惱的人生。

　　4. 第三部：MCC 教練之道──從小我、大我到無我：介紹什麼是小我、如何突破小我的限制，以及打開小我的行為盲點、情

緒、模式、期待與渴望的方法，也提供了案例與教練對話。大我部分則介紹 MCC 教練裡非常好用的 4F Model，讓我們可以走向大我，打開自己的限制。無我部分，沿用東西方的哲學與心理學，讓讀者更多方看見無我的定義，與無我的教練做法。每一篇都有一個教練對話的真實案例，讓讀者更清楚了解如何使用，以及教練可以產生的效果。

「無我利他」一直是達真及我自己的信念，我在教練路上的成功，跟「無我」的信念有絕對的關係，無我也是 MCC 最重要的精神，我希望透過介紹無我與陰影的教練 Model，協助讀者們找到完整的自己，而這個完整，才是 MCC 的真實意涵——每個人都是完整與圓滿的。

5. 結語：難行能行的啟示：這章總結了覺察是核心，無我利他是動力，走出你的第一是結果。運用前幾部的方法，每個人都可以達成自己的巔峰，最後我也邀請讀者一起來設定自己的目標與行動，讓難行能行成為自己的日常。

這本書雖然談的是我的教練之路，也將達真訓練學員的一些核心技能與心法介紹給大家，即使你不是教練，透過本書介紹的方法，應該可以讓自己的人生更有方向與覺察。本書的〈緒論〉和第一、二部及第三部各篇結尾都有「反思與行動」的提問，讓讀者可以透過這些提問深刻地了解自己，也為自己的未來展開行動。祝福看完本書的朋友們，能夠為自己出征，設定自己的巔峰目標，展開一場難行能行的旅程！

緒論

難行能行的啟程

「成功的衡量,不是看一個人在人生中達到的地位,而是看他在追求成功的過程中所克服的障礙。」

——布克・華盛頓(Booker T. Washington)

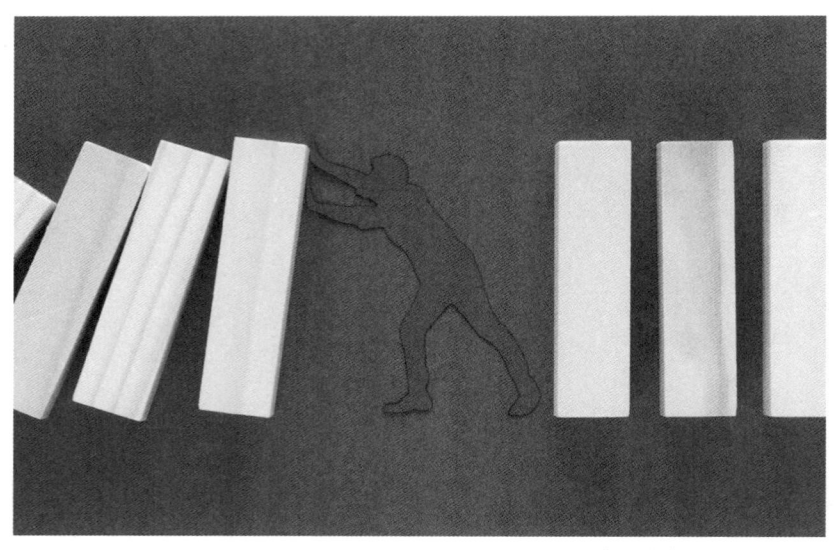

(圖片來源:Freepik)

萬事起頭難,我們在人生的路程中,很多時候是沒有方向的,需要藉由長輩、朋友、智者的指引才能度過,也有很多時候,我們是無法找到這些資源的。我學教練的過程屬於後者,這是成為開路先鋒者所遇見的最大挑戰與困難。

現在回顧這段歷程,我很慶幸的是:自己從來沒有把「沒有資源」當成藉口,反而我很認命,設定好目標就會拚命向前,至於這個目標是如何設定的?為何我願意堅持下去?且看下方分解。

難行能行

開啟第二人生的鑰匙

　　2005 年我從職場退休，一直想要找一個可以繼續為社會貢獻的工作，參加了不少的團體，也去學習了心理學，幫朋友的公司做一些簡單的顧問與管理工作，但是仍然覺得心裡不踏實。如果平均餘命女性是 80 歲，那麼我還有三十年可以好好地活著，人生的前三十年我為自己打開了很多的可能性，這後半段的人生，我問自己：我可以開創哪些可能？我的使命到底是什麼？我生命的意義與價值是什麼？

　　最大的擔憂是我就這樣過一生了，朋友雖然很熱情，讓我在她的公司幫忙，但是我知道那只是暫時的，絕對不是旅程的終點。退休時最大的害怕是自己變成沒有用的人！我看到前後退休的大學同學們，有的很開心地到處遊山玩水，有的含飴弄孫、相夫教子，但是我自知無法這麼做，習慣了多年的職業女性生涯，沒有工作會讓我找不到生命的定位。

　　其實這是我看見的許多退休人士的困擾（男性尤其嚴重），從高高在上的管理人才，突然沒有人脈、沒有權勢。運氣或能力好的，去做企業顧問，仍然擁有光環；其他的人，可能就會鬱鬱寡歡，甚至成為憂鬱症患者。

　　我問自己到底要什麼呢？從大學參加慈幼會，到回臺灣後參加慈濟，我知道自己想要的是對社會**有貢獻**的人生，這一直是我生命追尋的方向，光環對我倒是不重要。我是學商一輩子的人，退休後

可以貢獻什麼？我有什麼一技之長？感覺自己好像沒有什麼專長，我不是會計師，學的是 MBA，專業上可以貢獻的是銷售管理與訓練，但是我對於銷售毫無熱情，過去帶領銷售人員的經驗讓我害怕，如果退休後要從事這個工作，我不覺得那會讓自己開心，就這樣我像在大霧中開車，落入了擔心與迷惘中……

在偶然的機會裡，我做顧問／管理的公司老闆介紹了一位香港的神經語言學（NLP）教練 J 給我，J 是從 Citi Bank 退休下來，才開始從事教練的工作，公司經營得很不錯，不只是做高階主管教練，還做 NLP 的訓練。J 那時要對中華航空公司做教練培訓的提案，需要一位臺灣的窗口。當時我完全不知道有教練這個行業，雖然我不認識 J，但是想想「助人為快樂之本」，何不去聽聽她的介紹，也看看我能幫上什麼忙？

等聽完她的教練簡報，我心想：這不就是我夢寐以求的工作嗎？我學過一些諮商的課程，但是總覺得諮商師不是適合我的工作，直到聽到「**教練**」，我認為自己找到答案了。教練跟諮商一樣都是助人的工作，但是教練幫助的是心理健康的人，而且它可以用上我過去在企業的經驗，有效幫助企業人士過更快樂的職場生活（這也是我在企業裡最渴望得到的）。皇天不負苦心人，這次純義工的服務讓我無心插柳柳成蔭，開始走上了教練的學習之路。

我這一生的職涯規劃，回想起來，從來都不是自己計劃好的，大部分都是因為「**無我利他**」而產生的機會，學習教練，走上這條路也是這個原因。如果不是因為要幫朋友，我也不可能踏入教練這個專業領域。

難行能行

尋找自己的使命與熱情——從價值觀開始

前面提到退休後我很清楚自己想要的是**助人**，過去的職場經驗，位置愈高，愈要能了解職場的政治氛圍，我不喜歡攀緣，也不喜歡勾心鬥角，踩著他人前進，但是這些都是過去在職場的慘痛經驗，也是讓我在職場不快樂的原因。如何找到自己的使命或熱情，讓自己即使在一個事事不能如我所願的環境中，依然能坦然面對困難、快樂地前進？

在做業務管理工作時，我對於許多同事不擇手段地取得業績的方式，非常不能接受，於是我創造了自己可以接受的方法，為客戶的孩子們辦夏令營，為客戶籌劃臺灣的古蹟之旅，讓客戶可以多了解臺灣的文化，這些讓我在只有惡性競爭的環境裡呼吸到自己創造出來的新鮮空氣，也讓我擁有繼續在業務單位工作的動力，而這時，我還沒有學過教練。

學習教練後，我知道**價值觀**的重要性，它是我們動力的來源，我在不喜歡的業務單位可以待那麼久，就是因為我找到工作的意義與價值，而那是我最重要的價值觀之一。

在達真初階班（ACC 證照班）我們會教導學生運用價值觀來尋找自己的熱情，學員透過價值觀開始認識自己，了解到自己的行為原來是被看不見的價值觀影響。價值觀是自己的行為指揮官，它會**自動**幫我們決定行為與決策，如果不了解自己的價值觀就會被它控制，而我們就少了選擇權。價值觀也是找到自己的熱情與使命的

基礎,當我們了解了自己的價值觀,就會比較清楚自己的工作動能是什麼、自己的熱情所在,而熱情也與使命息息相關。

以我自己為例,當初決定出國留學,其實是因為姊姊的要求,她希望我們家有人出國讀書,幫家人開一條路。現在回顧一下,我當時的價值觀是「**助人**、**挑戰**與**家庭關係**」,所以雖然很不喜歡讀書也不擅長讀書,我還是出國了。但是如果我注意到自己更喜歡**助人**,那麼我學習的方向可能就會往教練／社工／諮商等職涯發展,那後面的教練之路就會提早發生。話雖然這麼說,但是我仍然要提醒大家,人之所以有更多的選擇是由於**覺察**,如果過去沒有覺察也沒有關係,因為只要我們踏踏實實地活出自己的生命價值,每一段歷程都會有成長,也都會是你未來的資糧。

教練式領導人的價值觀

價值觀不是天生的,小時候我們受父母、師長的影響,長大後會受朋友、同儕的影響,它可以被改變與培養。企業裡我們提倡大家都成為教練式領導人,而這樣的領導人最重要的價值觀有**使命、追求卓越、團隊、誠信**與**公平**。**使命**讓領導人有方向,有方向才能帶領團隊邁向成功,使命感也讓領導人能突破所有的障礙;**追求卓越**是一種成長心態,讓公司與團隊不斷更新;**團隊**的價值觀讓領導人重視團隊而非個人的成功,在 VUCA(多變不確定)時代,這是一個很重要的價值觀,單打獨鬥的時代已經過去,我們要面對這麼

多不可知與變化度高的未來,團隊的看見與共同努力,會讓成功的可能性提高。**誠信**是領導人被信賴的基礎,如果不能說到做到,以身作則,領導人不被信任,團隊將無法成形,公司也無法成功。**公平**是教練式領導人特別要求的一個價值觀,它代表公正與平等,也是跟傳統領導最不一樣的價值觀,教練式領導人做到的平等是「**平行的夥伴關係**」,而非上下的關係,平行代表的是每個人的意見都很重要,不是老闆說了算,也代表我們相信每個人都有無限潛能。公正是給予每位員工公平的成長機會,也要賞罰分明。

VIA 價值觀檢測

　　一般人對於自己的價值觀並不會有很清楚的了解,這裡介紹一個價值觀檢測工具 VIA(Values In Action),是由賓州大學正向心理學之父馬丁・賽里格曼(Martin Seligman)研究出來的,他將快樂的元素細分為 24 種特質或價值觀,並提倡心理學界不應只是關注病態心理和精神疾病,更重要的是如何找到快樂,所以提出了這 24 種與快樂有關的價值觀。

　　表 1 是賽里格曼對 24 種 VIA 做的六大分類,快樂人生不僅與智慧、知識與超越有關,也與人道、正義、節制與勇氣有關,你可以在做完 VIA 測試後,看看自己前五個 VIA 的落點在哪裡,它們是否平均分配在六大類裡;如果不是,你有什麼發現與學習?你會想要改變什麼?價值觀是可以培養與改變的,如何你想要成為更有智

慧或更人道的自己,可以參考這些價值觀的行為定義,設定目標,改變自己的行為,持之以恆,則這樣的自己就會出現。

想要多了解自己的人,請你花半小時做這個 VIA 的測驗,做完之後,不要只關注自己前面三至五個 VIA,還要關注自己最後兩個(23、24)VIA,這會是你最不擅長展現自己價值的部分,也是需要管理的部分。

表 1:VIA 分類表

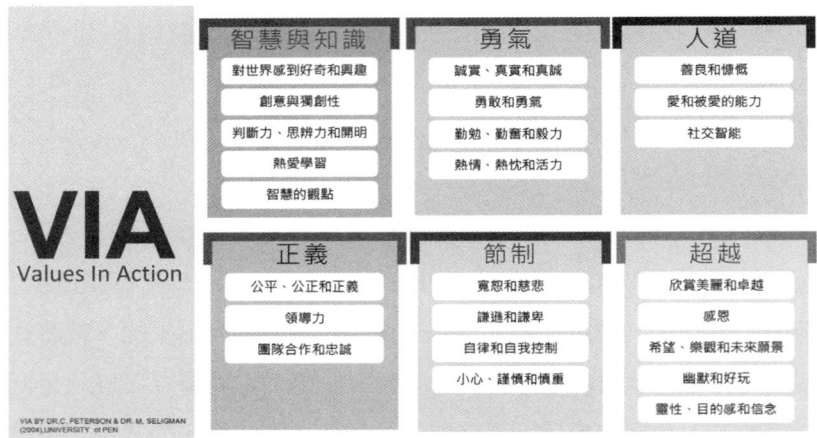

VIA 網站連接如下:https://www.authentichappiness.sas.upenn.edu/user/login?destination=node/434,要選 VIA Survey of Character Strengths。這兩百多題的測試,會讓我們知道目前的自己被哪些價值觀影響,根據正向心理學的研究,只要有意識地在工作與生活中多運用你的 VIA 特質,自然就會感覺更快樂,而且也比較容易協助你設定人生的目標與方向。

以我為例，勤奮是我第一個價值觀，第 24 個是熱情，我到目前為止的成功，與勤奮有非常大的關係，勤奮在 VIA 的定義是：「一旦開始，你就會努力去完成工作。不管是什麼工作，你都會及時完成。你工作時不會分心，並從完成任務中獲得滿足」；而熱情的定義是：「無論你做什麼，總是充滿興奮和活力，絕不會半途而廢或意興闌珊地做任何事。對你而言，生活是一場冒險」。這兩種價值觀都不會半途而廢，但是我做事不需要興奮，而且我不把生活當成冒險，只要設定好目標，我就一定會完成。

價值觀沒有好壞，不要對自己或他人的價值觀做評價，最重要的是你能夠運用價值觀來了解自己、激勵自己，也運用他人的價值觀來激勵他人前進。我如果要活出自己「勤奮」的價值，就會跟公司主動要求可以發揮**助人**價值的專案，設定目標，及時完成，既然自己是個工作狂，多參與公司的重大專案會讓自己的價值更彰顯。

如何管理好我比較沒有「熱情」呢？我可以嘗試在生活中多創造一些冒險，例如：去吃從來不喜歡的食物——榴槤；去進行一件從來沒有做過的事情——一個人的旅行；而在帶領團隊上，可以找有「熱情」這個價值觀的夥伴進來，彌補我的不足。

VIA 只有 24 種價值觀，仍然有很多價值觀不在 VIA 裡面，例如：家庭、助人、安全感等等，這些可以自己去覺察，但是因為 VIA 與快樂有關，所以如果你想要擁有更快樂的人生，先從實踐自己前三個 VIA 開始，每天設定一個 VIA 的實踐目標，一週下來，自己就會感覺更加充實與快樂！

教練式領導人的價值觀

當我看見自己的第一個價值觀是勤奮,也開始了解為何自己會如此投入工作,我評估了一下,這個價值觀的實踐已經到 95％ 了,這時候可以問自己是否要到 100％?到 100％ 的代價是什麼?是否願意付出這個代價?根據這些答案,再採取下一步的行動。

達真同學們大部分第一個價值觀的實踐率都在 80％～100％ 左右,但是第二或第三個則不盡然。VIA 測試帶給我們的是,可以從前五個價值觀裡找到自己的快樂因素,有意識地多運用它們,讓你的人生更快樂,也更有方向。

我 2020 年做的前五個 VIA 分別是勤奮、公平、靈性、勇敢、誠實。勤奮我不需要再加強,它已經是我的 DNA,我想要加強的是靈性與誠實。在這樣有意識地調整下,團隊對我的信任提高,我自己對於生命的目的也更清楚,更能帶領達真走向尋找真我的快樂之路。

什麼是有意識地調整?VIA 對於靈性的定義是:「你對宇宙的意義及人的更高目的,有著強烈並一致的信念,你知道自己歸屬於更高的層次,你的信仰是令你感到舒適的泉源,它塑造你的行動」。我自己打分,1～10 分,靈性大約在 7 分左右,我對於佛教無我的相信有 10 分,但是在行動面我並沒有達到 10 分,有意識地調整指的是,我可以把每日早、晚課、靜坐與每日讀經加入我的行為,這樣就可以提升目前的 7～9 分左右。9 分是我設定的目標,

讀者可以自行設定你的目標，再決定要如何調整。

目標價值觀

目標價值觀指的是價值觀可以運用在自己的目標與團隊目標的達成上，在達真教導的所有學習與應用，都要先從自己開始，當我們能用自己的價值觀達成目標，那麼帶領團隊達成目標就不是難事。以下案例可以讓大家知道如何運用自己的價值觀來達成目標。

案例一：學員 S 剛換工作，他想在新環境裡讓主管看見他的領導力，在與教練對話的過程中，發現 S 很在意「**助人**」，於是教練引導他如何在會議中運用「助人」，他想到的是可以多提問，刺激同事多想。他也很在意自己的**領導力**（影響力），於是教練協助他找到幫助每位同事都展現領導力的方法，他的行動方案是會議前就先與同事溝通看法，鼓勵同事在會議中也提出來。結果，這位學員果然讓公司主管很快看到他的領導力，不到三個月就晉升他為小主管。

案例二：學員 S 想要讓自己獲得更多的演講機會，並且從演講中建立自信。學員的價值觀是「**有意義的人生**」，教練運用這個價值觀，讓他找到演講的主題必須是多表達理念的，傳播他的理念，讓他覺得很有意義，也會擁有更多的自信。而從他的成功經驗裡，S 發現「**勤奮**」很重要，他只要多做準備與演練，則演講的效果自然很好，自信也會自然地展現。

上面這兩個案例是將客戶的價值觀運用在他自己的目標達成上，下面則是如何運用價值觀在團隊帶領上。

價值觀與團隊帶領

不同的價值觀會造成人與人的衝突及不和諧，在達真的價值觀課程裡，會讓大家了解到每個人的不同及不同的可貴性，我們教導學生運用價值觀來激勵自己與他人，也要能運用價值觀來為自己及他人解套。舉例來說，重視愛與被愛的同儕 A，如果在工作中感受不到愛，很可能就無法在這個工作待下去，如果剛好她的上司是我，從我前五個 VIA，大家應該能感受到我是一個非常理性與有執行力的主管，我如果想要留住 A，就必須讓她感覺到關心與被愛，有意識地調整我的行為，不能只談工作而不談生活。下面的兩個案例，可以讓大家對於在團隊應用價值觀有更多的了解。

案例一：一位主管想要影響團隊成員用開放的態度來接受任務，教練澄清開放的態度指的是什麼？主管表示只要同事不抗拒即可，而且特別是指在任務有調整時，同事能保持開放、不抗拒。這位主管的價值觀是「**愛與被愛、團隊合作**與**勤奮**」。教練運用她的**愛**的價值觀，讓她願意改變自己的溝通模式，先去了解組員抗拒的理由；而她在意團隊，於是激勵她創造一個團隊共同成長與開放的氛圍，讓她想出一些鼓勵成員的方案，其中包含她自己如何以團隊成員的身分，表達她願意協助同仁、成為同仁的後盾來迎接任務的

改變。

案例二：學員想要在公司推動讀書會，提升學習的風氣。這位學員本身就有「**熱愛學習**」的價值觀，所以她想要推動讀書會帶動團隊的學習與成長。教練澄清的結果，發現學員要的是推動自主學習，而非單純的讀書會，教練運用學員的「**創意**」價值觀，以及她自己過去推動活動的成功經驗，她想到了將學習的方式簡化，讀書會不一定非得讀書，YouTube、Podcast、好文章、漫威的學習分享，都可以是自主學習的一部分，先啟動大家的參與，她再運用教練模式來帶領這個讀書會，讓每位參與的同仁都可以有發揮的空間，達到她讓團隊學習成長的目的。

干擾價值觀

價值觀雖然可以刺激行動，達成我們或團隊的目標，但是也會造成干擾，因此需要對於價值觀有兩面刃的觀察，例如：我的「勤奮」雖然是我成功很重要的原因，但是也會造成人際關係的卡點，因為它是我的第一個價值觀，所以我對於不勤奮的合作夥伴會很不開心，評斷這個人，想要把他排除在外。未學教練前，我會將這樣的人貼標籤，不想與他共事，甚至還會處處刁難，但是學了教練後，我知道每個人都有他／她的價值，不勤奮並不表示他就不值得珍惜，反而是我需要運用他的價值觀來激勵他達到我勤奮的目標。

下面兩個實際案例，會讓你更了解價值觀為何變成自己的干

擾，以及如何讓自己解套的狀況。

案例一：學員提出如何跟固執己見且強勢的同事合作的議題，學員本身因為很重視「**學習成長**」，看到這位不成長、固執己見的同事，就會非常討厭他。教練運用她其他的價值觀——**團隊**及**共贏**的價值，讓她轉念，她想到了創造一個共贏的目標，讓同事也能買單，並且如果她能克服與這位同事的合作困難，會讓她自己更**成長**，這樣的雙重激勵，讓學員很開心地向前邁進。

案例二：學員想要改善跟母親的溝通品質，學員已經超過 40 歲了，母親還是很喜歡管東管西，教練探索的過程中，發現學員很在意「**自由**」，而母親的關心讓學員感受到不自由。學員想要的自由是生活上的自由，她可以在任何時間起床，在任何時間做她想要做的事情，而母親想要她有規律的生活，讓她的健康可以更好。這個「自由」造成她與母親溝通的干擾，當學員感受到真正的自由是她的心靈自由時，對於生活與行動自由的干擾就打開了。

以上兩個案例，是價值觀如何造成我們行為上的干擾與障礙，一旦覺察到了，價值觀就會為我們所用，成為動力而非阻礙。

教練學習之路

當我下定決心要學習教練後，就開始找教練學校，那時臺灣沒有任何的教練學校或學習的資源，還好我的英文能力還可以，Google 了 Coaching Training 的關鍵字，有很多機構有教，但是都在美國、澳洲、新加坡等地，我不想飛到國外上課，於是決定找網路課程，在 2006 年，網路課程還在起步階段，教練又是很新的專業，所以我只找到一家被國際教練聯盟（International Coach Federation, ICF）認證的澳洲公司 ICA，它可以用網路電話上課。

電話網路課程

其實當時的我，完全不了解網路上課要用到什麼工具，那時也沒有 Zoom、Google Meet、Teams 等軟體，我們是用 Skype，買一個電話 ID，進入學校的平台來上課。對於要使用這些工具我真是手忙腳亂，網路上課的難度完全超乎我的預期。那時所有的課程與相關活動都安排在網路上，講義、交作業、學生交流，都在網路上完成，對我這個 LKK，習慣面對面的交流與討論，真是一大挑戰。印象很深刻的是光安排每週的課程，就會花掉很多時間，因為我要搞定臺灣的時間與學校的當地時間，又要下載教材、準備課程。所有的教材都是英文，老師也是外國人，課堂上，我通常是藏鏡人，

一句話都無法參與，靜靜地聽老外們的發表，彷彿又回到上 MBA 的日子，真是苦不堪言。難行能行，讓我堅持下來的，還是我的使命感：希望能成為一個退休後還有能力用專業幫助他人的人，希望協助企業人士成為快樂的上班族。當我抱著這個堅持與夢想，所有的困難就比較能咬牙度過。

網路的學習方式，我知道對我是行不通的，於是寫信給學校，問他們是否有臺灣的學生可以交流？他們給了我兩個名單，我很興奮地立即聯絡，結果這兩位都是老外，還好他們都略通中文，可以溝通。

我跟他們約好了共學的時間，第一次進行時，感受到女同學很熱心，很願意幫助我，但是男同學比較懶散，他只想用自己的速度學習，並不想依照學校的節奏。我同時也發現女同學的進度比我快很多，她進入學校已經半年了，但我才剛開始，我感覺這樣是無法一起共學的，而且我也不想拖累她。

共學必須要另外找出路，於是我邀請好友 E 跟我一起共學，我把課程內容翻譯給她，每週一起討論，E 本來就是一位超級講師，也是一個覺察力高的人，經過這樣的共學，我的學習之路才開始有些進展，難行能行的第一步走出來了。

第一個里程碑——ACC 初階教練

一開始學習教練，我就設定了要在九個月內拿到 ACC

（Associate Certified Coach）初階教練的證照，這是一個高挑戰的目標，因為那時候臺灣還沒有人知道教練，如果要在九個月內拿到 ACC，就必須要擁有 100 小時的教練時數，也就是說我要找到至少 10 個客戶，每個客戶必須被我教練 10 小時。100 小時的教練時數必須在我學到某種程度才能夠開始，我記得當時大概在學了四、五個月後才開始找客戶，那時一邊要上課，一邊要安排跟客戶會談，時間常常覺得不夠用，100 小時的壓力很大，於是我安排每個禮拜必須有 4～5 小時的教練會談時間。找客戶很不容易，我運用了自己的人脈，以低價讓客戶做教練體驗，也開放自己做所有的教練嘗試，那時做了親子教練、企業教練、生命教練、團體教練，但是由於教練是一個完全沒人了解的領域，尋找客戶就好像在沙漠裡找水喝，難度非常大。

在找客戶方面最大的困難是要教育客戶什麼是教練？以及為何他需要教練？教練不能提供解答，教練相信客戶可以自己找到答案，而什麼問題才可以來找教練？什麼問題屬於諮商的領域？都是需要讓客戶理解的。為了教育客戶，我設計了好幾個表格，這也要感謝我的教練學校，當時教了我們 Wheel of Life 生命之輪（見附錄一），我運用這個表格，讓客戶比較容易找到他的目標與方向，後續才能開始我們的教練對談。

至於為何我要設定九個月就要拿到 ACC 證照的目標呢？因為它是一個專業的象徵，是一個里程碑，也是我個人突破與成長的象徵。教練有 ACC（初階教練）、PCC（專業教練）與 MCC（大師教練）三個階段。ACC 需要 100 小時的教練時數，PCC 需要 500

小時，而 MCC 要 2,500 小時，當時我只設定了 ACC 與 PCC 的教練目標，MCC 起碼要十年，我也不認為自己可以做到，先從 ACC 做起，它可以激勵我繼續向前拿 PCC 證照。

當我們開始一段漫長與未知的旅途時，為自己設定短期目標或者里程碑是重要的，沒有一個里程碑，我們很容易因為挫折而停下腳步，這是一個成功者必須養成的習慣，而這個里程碑，必須有你想要的貢獻或產生的價值，以我為例：100 小時的 ACC 教練時數，讓我產生的貢獻是：服務了至少 10 個長期的客戶，讓他們達成各自的目標與改變，讓他們的人生開始不同。

第一個客戶

我的第一個長期客戶是我在 A 公司工作時的同儕 N，她那時的狀況非常不好，在工作上遇到很大的挑戰，她被調任為業務主管，這是她完全沒有經驗的工作，加上由於她是空降主管，下屬對她非常不服氣，經常挑戰她下達的指令，也不去執行公司的目標。N 因此被上司質疑她的管理能力，最糟糕的是，N 對自己完全喪失了信心。

這位客戶，我從建立她的信心著手，回饋給她我看見的她的亮點，例如：她非常有愛心，不願意傷害他人，她的 PPT 質感非常好，美感與邏輯能力都很強，慢慢地，她開始對自己增加了信心，我再引導她思考自己到底要什麼樣的人生。最後，她毅然決然地辭

去業務主管的工作，雖然這個工作的名和利都很不錯，但是勾心鬥角太多，要付出的代價太大，這不是她想要的人生，離職的勇氣是因為她清楚了自己想要什麼樣的人生而產生的。

身為 ACC 能帶給客戶這樣的貢獻，是讓我能持續走下去的重要原因。你的里程碑是什麼？你要對你的客戶產生什麼樣的貢獻？或者你想要創造什麼價值？當你想清楚了並且訂下清楚的目標，那麼難行能行之路就很容易堅持下來。

學習 ACC 的路上，碰到的另一個大困難是如何提問。學校沒有教任何模式，讓我們自創，我心想自己根本就沒有學過任何提問的方式，如何自創？後來在網路上找到了 GROW Model，覺得這個提問模式很符合企業，於是跟我的學伴開始模擬與建立達真獨特的 GROW 提問模式，也因為有這個模式，自己對提問的信心才增加；後來看到學員學習 GROW 提問方式的困難，我又設計了 GROW 提問卡，讓學員可以運用卡片學習。為了讓提問增加深度與自我覺察，達真增加了教練心法——好奇、欣賞、專注、平等與無我，以及薩提爾模式（Satir Model），這些都是因為**「無我利他」**心而產生的，我希望自己經歷過的學習痛苦不再被學員經歷，而為了讓學員可以更有效地協助自己與客戶轉化，心法與技法的深化就必須創造出來。這些提問模式陸續都運用在達真的教學裡，不僅幫助了學員，對於我後來拿到 MCC 也有非常大的幫助。

達真國際教練學校成立

　　2008年我拿到了PCC（Professional Certified Coach）專業教練認證，兩年的執業，也讓我感覺有成立一個教練學校的必要。這兩年做高階主管教練及做企業教練推廣的訓練時，發現短期訓練或一對一的教練，無法真正從內而外協助客戶做持續性的改變。我在ICA學了約九個月，才能夠感受到教練的威力與力量，我想把這樣的體驗帶給更多人。而能用母語來學習與練習教練，我認為是一個成為專業教練很重要的資源，在這些想法下，我到國際教練聯盟（ICF）申請成立達真國際教練學校。這又是一次臺灣的第一，沒人做過，難行能行的旅程繼續進行。

　　難行能行的第一步，是要招生。ICF規定，如果要申請教練學校，必須先教出一班學生，再把學校的課程設計、師資等資料給它批准。這個規定對我而言是弔詭的，學生來學教練，是因為要拿ICF的教練證照，而我們開的第一班證照課，卻無法保證學生在上完課程後能拿到ICF的國際證書，因為達真不知道是否會被ICF批准，這對我而言有誠信的議題，也覺得很難對學生開口。

　　還好我的起心動念都是「無我利他」，曾經在好幾個公開場合做免費的教練推廣活動，也在企業辦過很多次成功的教練訓練，這些被我教過的學生們，很捧場地來報名這第一期的學習，他們大多數並不在意是否一定能拿到證照，而對於少數想拿證照的學生，我也保證這個證照會在達真拿到ICF認證後再追溯給他們，如果達

真沒有拿到 ICF 認證，那麼就會全額退費。

第二個挑戰是要找講師。ICF 規定，講師必須有 ICF 的專業教練資格，當時除了我，並沒有其他講師有這樣的資格，於是我只好扛起設計九天課程，以及成為每堂課程講師的責任，還好有些課程可以由不是專業教練的講師來執行，於是我邀請好友 E 來做講師，她對於聆聽課程有非常獨到的教學經驗與能力，也因為陪我一起上過教練課程，非常了解教練的聆聽的重要，就這樣講師的問題解決了。

第三個挑戰是找場地。我們為了省學費，嘗試過非常多的場地，政府的場地很便宜，但是中午要休息 1.5 小時，還把我們趕出教室，這樣的場地符合預算，卻不符合我們的需要。找了很久，最後由我的客戶推薦了一個場地，那是一間髮廊，因為要重新裝潢，會空出來兩、三個月，願意借給我們使用，地點在捷運旁邊，場地大小也剛好，可以容納全班，就這樣我們第一班在髮廊開幕了，現在想想都還覺得不可思議。

場地由於是髮廊的設計，屬於狹長型，我們想辦法將講師與學員的位置安排好，桌椅都是臨時借來的，場地的投影機與麥克風也都要自己準備，還好之前在慈濟做志工，捐了很多的設備，這次就一起借回來使用。

人員上必須有行政，我找了自己的女兒幫忙，而 ICF 的送審也必須有窗口，我找到英文能力很好的老公來負責。就這樣，一邊開課，一邊修改教案，一邊送審 ICF，半年後，才把所有的資料送出，忐忑不安地等待 ICF 審核的結果。還好，一切順利，ICF 要求

的補件都及時完成，當時還沒有雲端設備，所有的文件往來都很花時間，我有的是毅力與決心，因為對學員的承諾，我一邊教課，一邊仍然完成所有的審核程序。

到現在我都很感謝第一期的學員、講師與所有的貴人，如果沒有他們，達真不會像現在這樣得以茁壯與成長。我後來的領悟是：所有的難行能行，都是成長的動力與資源，只要我們保持「無我利他」的心態，這些困難都能夠成為自己前進的資糧，在我的使命——協助每個人找到更快樂的自己——的帶領下，我終於突破了所有難關，拿到 ICF 給臺灣的第一個教練學校的證照。

在達真的 ACC 培訓班，第一堂課我們就會問同學：

1. 學習的責任是誰的？

2. 如何為自己的學習當責？

第一個問題，同學們都會很快回答是自己，但是進入第二個問題，同學們就進入靜默的狀態，很少人能夠快速回答這個問題。

如果我們把人生當成是一個學習場域，每個挫折、每個嘗試、每個失敗，都是一個學習。如果真的理解學習的責任是自己，那麼如何為自己的學習當責呢？我們碰到很多的學員在學習教練初期都有很大的挫折感，因為教練是一種新的對話與思維方式，這個改變並不容易。這時有些學員就會怪環境、怪學校，甚至指責自己。這些都不是我們希望見到的結果，如果真正為自己的學習當責，就會想辦法突破困境，就像前面提到當初我學習教練的困境：沒有學伴、語言不通、網路電話不熟，如果我讓這些學習的挫折打敗我，今天我就不會成為臺灣第一位 MCC 大師教練。

人生是一連串的挑戰，順遂的人生無法帶給你學習與成長，應該要把不順利、不熟悉當成是正常的學習過程，那麼在遇到困難時就不會怨天尤人，也才會把能量導入正途，開始成長。神經語言學有一句話我一直很喜歡：「**沒有失敗，只有回饋。**」我祝福大家把任何挫折都當成是一個學習成長的機會，是給自己的回饋，這樣才能找出為自己當責的學習辦法。

　　達真國際教練學校第一班順利開成以後，課程有很好的迴響，於是我們漸漸開始了每年三班的教練認證課程，目前達真已經有 ACC Level 1、PCC Level 2 及 MCC level 3 的完整教練課程規劃，在 2024 年，達真是全臺灣第一個也是唯一獲得 Level 3 大師教練訓練課程認證的教練學校，而從 2009 年到 2025 年，我們已經陸續培養了四位 MCC 大師教練，這個紀錄也是臺灣所有教練機構無法比擬的。我個人的期待是，透過培養更多的大師教練，讓業界體會教練的真諦與美好，也讓我們的客戶能體驗到大師級「不用力」教練的效果。

GROW Model 的教練模式

　　達真國際教練學校 ACC 班是以 GROW Model 為核心的教學，會選擇 GROW，是因為在歐美它是最普遍運用的教練模式，大企業也都在內部推動這個模式。我個人教學多年的體會是：GROW 不只是提問的模式，也是一種思維模式，如果能在企業裡協助主管與同仁，把 GROW 運用在會議、專案管理、目標管理與人生管理，那麼你將發現自己的人生會很不同。我個人也花了很多年的時間，才真正落實 GROW 的思維與行為模式，尤其是 G（目標）的思維，例如：每次開會，我會問自己，會議目的是什麼？我想要得到什麼結果？如何衡量我得到了這些結果？每次教學，我也會問自己同樣的問題，這堂課我到底想要帶給學員什麼？如何衡量是否做到？人生的目標思維就更重要了，我會問自己想要過什麼樣的人生？我的目標到底是什麼？五年後自己想要成為什麼樣的人？我如何衡量自己做到了？

　　GROW Model 的核心教學其實不只是提問的模式，在達真我們會將 GROW 的心法，也就是提摩西·高威（W. Timothy Gallwey）所提出的 Inner Game（內在遊戲）做為 GROW Model 的核心。提摩西被稱為「教練之父」，他在網球教練上體悟到真正比賽的勝利，不是來自於如何教選手揮拍的「技術」，而是內在的「專注力」，這套心法的教學讓他能協助許多選手創造佳績，突破自己，而企業也因為他在網球上的成就，邀請他到企業去輔導領導人。

自我一號與二號

　　提摩西的自我一號與自我二號理論幫助了非常多人，我們在達真也常常提醒學生們要觀察自己，當自我一號出現批判自己多麼不好時，要忽視這個聲音，自我二號才是真正的自己，它能自主學習與修正，只要你運用一號傳遞給二號正確的訊息，例如：成功的畫面、聲音、感受等，二號就會自動修正，最後達到你要的成果。

　　上面這些說起來很容易，但是不容易做到，建議大家參閱提摩西的《內在遊戲》（*Inner Game*），書裡有很具體的做法，簡單地說，就是我們要訓練自己能自我接納，不批判自己，同時要養成觀察的習慣。教練裡的觀察是要觀察「人」，專注而放鬆地觀察他的語言與非語言的訊息，在腦袋裡刻劃出一個成功的教練者的影像，不斷地練習與修正，最後二號的自己會帶領我們走向成功。後面的章節裡我們會再談達真五心法的修練，大家會更清楚如何做到。

　　GROW Model 在企業裡的運用非常廣，我們的學員會運用在會議上，因為企業裡會議最多，他們會先想好每次會議的目標是什麼？如何衡量這個會議是成功的？列出會議的議程，告知同事，再召集會議。而在會議中，他們會應用教練的提問與聆聽，讓每位成員都可以發言，因為運用了 GROW 及教練技巧，每次開會更有效率，替公司省下時間成本，也讓同仁們更喜歡開會與貢獻自己。

　　下面先用示意圖表達 GROW Model 的目標，再介紹 GROW 的提問重點，讓讀者比較清楚 GROW 提問模式的重要性在哪裡。

GROW Model
教練提問方法

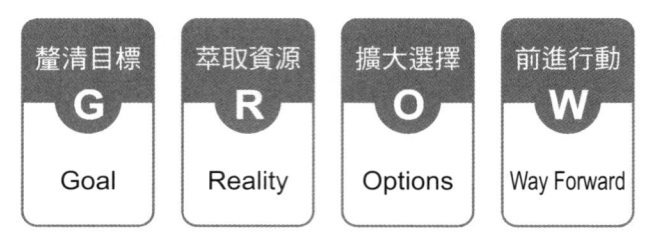

釐清目標	萃取資源	擴大選擇	前進行動
G	**R**	**O**	**W**
Goal	Reality	Options	Way Forward

圖1：GROW Model 示意圖

　　而提問為何需要 GROW Model，這是因為 GROW 可以協助客戶聚焦在目標上，所有來達真上 ACC 班的同學都知道，教練裡面最難的就是澄清客戶的目標（G），客戶帶來的目標，通常他／她自己也不知道這個目標是不清楚的，在教練的聆聽與提問的協助下，客戶開始看到自己問題的更多面向，也開始理解自己真正要的是什麼。舉一個我接觸過的目標釐清的例子，讓大家理解釐清目標的重要性。

G 的目標釐清

　　一位客戶帶來的議題是：希望提高團隊在雙週會的參與度。沒有釐清時，不知道客戶說的參與度是什麼意思，釐清後知道客戶要的是同仁們能夠提問、聆聽，要有雙向的溝通；繼續釐清下去後，發現客戶要的不是參與度而是一種好的氛圍。這個新的目標，客戶

自己也不知道,是在教練持續地好奇探尋後,他才找到自己真正想要的是氛圍好。

如果目標沒有釐清,那麼教練的方向就會錯誤,而結果就會是無法找出客戶的有效解決方案,以上面這個案例,增加同仁的提問與聆聽的方案,與提升開會氛圍的方案,很可能是截然不同的。

目標除了需要釐清,還需要了解這個目標為何對客戶重要。假設客戶帶來減肥的目標,當教練提問為何這件事對你這麼重要時,我們會聽到每個客戶都有各自的答案:要健康、要美麗、要讓心上人喜歡、要跑馬拉松等,根據這些回答,教練就會設計不同的激勵方式,協助客戶達到目標。

釐清過的目標,好像是汙濁的水突然變清澈了,客戶會感覺自己的清明,這時 Reality 的情境提問與萃取資源,就很容易讓客戶走在鋪好的路上,向著他想要的結果邁進。

R 的情境提問

如何運用 Reality 現況的提問,也是 GROW Model 學習裡很重要的部分,R 的提問最重要的是找到客戶的資源,它可以是客戶過去成功的經驗,也可以是價值觀的轉念,或其他讓客戶跳出困境的提問方式。我經常跟學員表達的是:不要相信客戶**沒有**成功經驗,例如:客戶想要創業,當我們問他過去有沒有創業的成功經驗時,客戶會回答沒有,因為這是他第一次創業。這時教練很可能就放棄

了,轉而問他:「有沒有看過別人創業的成功經驗?」這樣的提問方式,表示身為教練的我們並不相信客戶身上有創業成功的資源。如果我們相信,就會再擴大提問為:「你有沒有任何從零到有的成功經驗?」這時客戶就會想到,有耶,我以前開創過社團,或以前為公司研發了一個產品、幫公司帶領過銷售團隊等,當客戶找到自己的成功經驗,信心就會提升,這會比他去學習別人的成功經驗更有效果。

　　從客戶自己的成功經驗,我們再請他萃取資源,在這個經驗裡他學到了什麼?這些學習如何應用到目前的創業上?這些提問,會讓客戶的眼睛開始發光,滔滔不絕地談他要如何應用過去的學習在自己的目標上。

　　R 的重點是要能夠萃取客戶的資源,讓他向目標邁進,達真會教很多的方法,但是成功經驗是最簡單的、馬上可以上手的方式。

OW 的擴大選擇與前進行動

　　至於 Options(擴大選擇)與 Way Forward(前進行動)的提問相對簡單,Options 談的是完成目標的方法,當客戶已經從 R 裡面萃取了資源,這時教練就可以問他如何應用到目標上,方法要愈多愈好,所以教練必須協助客戶擴大選擇。而 Way Forward 談的是應用上需要的資源與可能碰到的阻礙,以上面創業的例子,客戶可能想到的方法(O)是找到創業夥伴、談好合作方式及找資金等三個

方法，此時教練會問：這三個方法可能需要什麼資源？預期會碰到什麼阻礙？這些阻礙又要如何克服？透過 GROW Model 這種系統性的提問，客戶很難不完成他的目標，因為所有的資源教練都會協助他找到，而教練在過程中對客戶的欣賞、肯定與讚美，更讓他有力量前進。

學習 GROW Model 的思考與提問，教練要注意的是必須帶著**空瓶**與**無我**的心態，盡量避免引導或投射，企業領導人常常犯的毛病是，引導下屬用自己的經驗來面對與解決問題，這樣雖然有短暫的效果，但是長期對發展人才不利。我想任何一位領導人都不想只創造一個應聲蟲的自己，這樣的人不會為團隊增加更多的可能，也會養成下屬不斷找領導人要答案，於是領導人忙得團團轉，下屬也變得無法當責。

試想一下，我們從小到大真的會聽從父母告訴我們的方向嗎？而這些接受最後的結果會讓自己開心嗎？教練式領導人的不同，就是能看見與相信下屬的潛能，讓他們用自己的方法來完成他的目標。這就像是養育小孩，我們只能指引方向，孩子必須要用自己的方式來學習與成長，經營他自己的人生。

一位教練式領導者，運用老子的話就是：

「太上，不知有之；其次，親而譽之。」

這段話用現代的語言就是：最好的領導者是讓人感覺不到他的存在；其次的領導人讓大家親近與讚美。如果我們想要成為一個讓人

感覺不到存在的領導人，當我們不在時團隊仍然蒸蒸日上地運作，那麼帶著好奇與無我的心態提問來啟發下屬，就非常重要了。

> ## GROW 教練案例──ACC 等級
>
> 　　這裡提供一個完整的初階教練（ACC）的 GROW Model 對話範例，讀者可以從中感受到 ACC 的教練能力與 GROW Model 的教練力量，這個教練對話讓一位主管比較有信心執行績效面談中要給出客觀公正的評價的目標。整個教練只有 20 分鐘，請大家參考下面的對話，對話者的姓名採取保密，以 M 代表客戶、C 代表教練。
>
> 　　C：今天想要談談什麼呢？
>
> 　　M：我想要談的是，要怎麼樣在績效面談中給出客觀公正的評價。
>
> 　　C：可以請你再多說一點嗎？績效面談中，你是擔任哪一個角色呢？
>
> 　　M：我目前是主管，接下來兩週要跟十一個團隊成員做一對一的績效面談，然後因為這次的績效面談會直接影響到這些人的考績，也就是他們的年終獎金跟調薪，所以我一直對於怎麼樣做出客觀且公平的評價跟回饋有滿大的困擾，因為一方面擔心我的資料不夠完整，做不出客觀的評價；另外一方面，我比

較害怕衝突，很想避免回饋後造成對方的不舒服，所以我今天想要聊這議題。

C：剛才聽 M 說到，你想要避免衝突是嗎？

M：是！

C：這個避免衝突的重要性是什麼呢？

M：因為給出評價以後，對方可能會接受或者不接受，可能也會有一些他的不認同。而這個不認同，可能又會回到我給出的評價到底是不是公平的，以及他們自己的感受是什麼，我就很怕說我給出來的評價他們不認同，然後會有一些滿大的反彈這樣子。

C：了解，我感受到 M 在對給出公正評價的時候，你很想要把這件事做好的那個決心。

M：是。

C：那我們今天想要談談的是如何給出公正的評價？

M：嗯，是的。

C：我很好奇，M，什麼是公正的評價？

M：我覺得公正的評價可能是比較客觀的一種評價，也就是至少，應該說大部分的人都同意這樣的觀點，那我就會覺得這應該會是比較公正的；那這大部分的人，是包含了接到評價的那個人本身，也接受這樣的觀點。

C：那我們怎麼樣可以知道大部分的人，包含接到評價的人也認同？

M：一方面是，我給出這個評價的時候，會跟對方確認說你覺得這樣子有符合嗎？另外一方面，我也有約了跟這些人合作的人，去聊聊他們對於這個人的評價怎麼樣，看這些人的回饋是什麼，所以算是比較多面向地詢問，然後去確認這個回饋是公正的。

C：嗯，滿好的！那 M 覺得這兩個方法怎麼樣？

M：我覺得是有效，但是非常花時間，我目前還在進行，而且這算是我第一次嘗試去問其他合作的人，所以我還不太確定到底成效會怎麼樣。

C：剛剛聽到 M 有說，一是已經有兩個方法了，第二個是這方法滿花時間的，然後也是第一次進行。所以時間對 M 來講是重要的嗎？

M：嗯，重要，因為我剩下兩個禮拜要做完這所有十一個人的考績。

C：嗯，我感受到 M 有點緊張，那 M 目前對這個議題有多少信心可以做到呢？

M：我覺得大概 4～5 分吧！

C：那你希望我們能做到幾分呢？

M：因為一定要做到，所以是 10 分。

C：好，沒問題，你的決心我接收到了。那 4～5 分到 10 分中間有大概 5 分的差距，我們可以做些什麼來達到這 5 分呢？

M：我現階段的想法，就是前面提到的這兩個做法，我也準

備了與他們一對一的績效面談要聊些什麼。我有把這些資料先丟給他們看過，當然沒有人跟我講不 OK 啦，可能我是主管，他們也不太會直接跟我反應，但是至少我有先給他們大概一個多禮拜的時間，然後這個績效面談的時間，也是讓他們自己覺得準備好了再來跟我約，所以我不是逼著他們在什麼期限內一定要完成，我還沒有想得很清楚。

C：我感受到 M 很關心你底下的同事，我覺得滿好的。那我想邀請 M 想像一下，就是一個很關心同事的 M，身為主管，在找到一些方法可以公正評價之後，或是順利做完這個年終考績的時候，在這樣一個情境當中，M 看到了什麼？

M：我覺得還是會有一點點擔憂，那個感覺是：給完考績了，然後大概得到八成是接受的狀況，可是他們心中可能還會有一、兩成的不滿，但是又不會直接讓我知道，然後會有一點拐彎抹角地去影響他人，負面情緒就會慢慢散播出來這樣子。

C：我覺得滿好的，就是覺察到這八成以外，另外那兩成可能出現的狀況，那 M 覺得這兩成的狀況，對你來說的重要性是什麼呢？

M：我自己覺得說，工作上我滿追求要開心的，如果團隊能夠大家工作開心的話，才會專注在工作本身，而不是說，上班來對抗老闆、對抗同事、對抗一大堆東西，然後沒有專注在自己的任務上，所以我會希望排除掉讓他們不開心的事情。

C：我聽到 M 在講到打考績跟開心這件事情的時候有點猶

豫，是嗎？

M：對，因為這兩個東西本身是有一點衝突的，我老闆之前跟我講說「你來工作不是讓大家都開心的」，所以我有點困擾。

C：有沒有什麼方式可以在這中間形成平衡呢？如果說，讓這個團隊開心是重要的，但是打考績給個公正評價也是重要的，那我們可以怎麼做呢？

M：我這次有跟他們提出一個方法是，請他們告訴我：你們覺得的 A$^+$ 是什麼樣子？為什麼你們這樣覺得？然後把你們的理由告訴我，我們再來討論。如果你覺得自己還沒有到 A$^+$ 的話，那我們可以做什麼來一起達到？我一直在跟他們強調就是：我們可以一起做，有一點把 Coach 的概念放在裡面這樣子來做。

C：我覺得這個方法很棒耶！那 M 覺得這個怎麼樣呢？

M：我目前對於這個做法還滿期待的啦！就是想說，雖然來上教練課也有滿大的改變，但就是還沒有開始應用，不太知道會怎麼樣。

C：我看到 M 在講這個方法的時候，臉上有笑容，我看到的是想要跟底下同事們站在一起的那個 M，很開放，同時重視團隊的和諧與快樂的 M。

M：謝謝。

C：我想邀請 M 去想像一下，兩週之後已經完成考績的 M，他是能接受下屬回饋，並且給出公正客觀考績的 M，他會對現在的 M 說些什麼呢？

難行能行

M：我覺得是：就這樣吧，盡人事、聽天命，你沒有辦法百分之百滿足所有人的期待，但不要愧對自己就好！

C：嗯，滿好的發現，M 有這個發現之後，再回來看一下我們今天的議題，想要找到公正客觀的考績評價的方式，現在 M 有什麼新的想法嗎？

M：我覺得目前感覺上就是剛剛提的方法，然後試著做做看就好了，也不用真的去想太多。

C：嗯，滿好的，M 說完這個想法後，有什麼樣的感受嗎？

M：我覺得有稍微放鬆一點，然後，嗯，就覺得好像也準備夠了，剩下就是隨著時間把它走完，我還是有一點點的緊張，會擔心那個衝突，但是好像也沒有辦法避免這樣子。

C：那個衝突是 M 會想要聊聊的嗎？

M：嗯，我覺得這個衝突會比較像剛剛提的，會擔心對方認為不客觀，可是這個不客觀不見得是真的不客觀，而是對方可能有一些盲點，那我需要花一些時間讓他理解，讓他了解我為什麼會給出這樣的評價，然後也去詢問，是不是我有些盲點沒有看到，其實他們有做，而且比我想像的好很多，只是我的資訊不夠完全而已。所以我覺得那個擔心會比較像是，在後續的溝通裡，就是我給完評價以後他們的反彈，以及我要怎麼去應對。

C：好啊，我聽到的 M 真的是非常地同理與在乎團隊，我覺得這很可貴！

M：謝謝。

C：真的很棒！因為我們前面有提到在意團隊的 M 想要跟他們同在，在跟他們同在的同時呢，要給出公正的績效評價，那我們還有沒有什麼想法或是過去的經驗，可以應用在現在的議題上嗎？

M：我會覺得就是，在聊的時候，可能要真的多聽，而不是一直去講，就是讓他們盡量地解釋，或是說明他們心中的想法到底是什麼，然後可能要拔除自己的一些執念，至少在那個面談的當下，是先抱持著開放的心態去接受所有資訊，不要在前面幾句，發現對方的反應跟我的預期不一致時就先給出評價，而是等到最後，把所有資訊都吸收完了以後，再好好去思考這件事。

C：很棒的發現耶！我看到除了剛剛跟同事同在的 M 之外，還看到一個想要有平等跟無我的 M，你覺得呢？

M：我覺得有無我，但是比較沒有平等。

C：那無我的 M，我們除了剛剛想到的，在過程當中可以多聽少講之外，還有沒有其他的方法？

M：我如果得到了負面回饋，應該是說對方不認同我的回饋的時候，可能會很認真地去了解到底他怎麼想？為什麼他這樣想？我們兩個之間想像的差距是什麼？去把它釐清。

C：這方法滿好的。這個方法 M 覺得要如何應用在今天的議題中呢？

M：我覺得這比較像是在事後的，有點像危機處理的部分，

會讓我比較知道雙方看法的差距是什麼。如果可以的話，我應該要更早去跟對方核對這個考績，避免說我都已經送出去了，對方才有這樣的回應。

Ｃ：滿好的欸，我剛剛看到的是，我們多顧慮到了送考績跟對方給回應的這個中間的時間差。

Ｍ：是。

Ｃ：好棒的發現！我們目前有談到幾個方法，Ｍ可以幫我整理一下嗎？你還記得我們剛剛提過哪些？

Ｍ：我記得一開始就是我現在正在做的，我會跟他們談然後提供資料給他們，裡面就是他們自己對於考績的想法，他們怎麼樣去定義所謂的好，以及他們覺得目前現在的狀況。那再來就是，我要給他們多一點時間去講他們自己的感受，而不是我一直在講，我要多聽。最後是在回饋的時候，我要注意時間，讓他們有時間跟我反應說這績效回饋跟他們想的不同，他們的想法是什麼，我們可不可以再重新討論一下這個結果。

Ｃ：好啊，那過程當中會遇到一些阻礙嗎？

Ｍ：我覺得就是有些同事的情緒比較多一點，這個仍是我現在會比較擔心的，不過這部分就是好好面對吧！

Ｃ：那好好面對，我們可以做些什麼來好好面對嗎？

Ｍ：通常在跟他們聊之前，我也會給自己大概十分鐘的時間讓自己冷靜下來，不要把自己的時間塞滿，然後在自己安靜好了以後再去跟他們聊。

> C：剛剛提到的這些方法，你需要什麼其他的資源來協助你順利完成面談嗎？
>
> M：嗯，也許找其他主管聊聊他們怎麼處理績效面談衝突的問題。找我老闆或另外一位主管，我覺得他的團隊帶得不錯。
>
> C：很棒耶！又想到新的方法了，我覺得你反思的速度很快，很有效率！
>
> M：謝謝！
>
> C：那 M 一開始提到的信心程度是 4～5 分，現在呢？
>
> M：我覺得大概 8 分吧。
>
> C：8 分嗎？如果要達到你說的 10 分，你覺得可以再做些什麼呢？
>
> M：做了再說吧，現在覺得好像不需要達到 10 分，盡人事、聽天命即可。
>
> C：好的，M 還有什麼需要我協助的嗎？
>
> M：沒有了，這樣就很好。
>
> C：那今天的教練就到這裡。
>
> M：謝謝。

看完這段教練對話，你的學習是什麼呢？會想要如何運用你的學習？

總結

　　本章談到的是找到自己的人生方向與目標的重要性，所有的難行之路，如果你有清楚的價值觀、熱情與使命，都不難克服其中的阻礙，難行則能行！如果你還沒有找到自己的使命或熱情，也沒有關係，請覺察自己現在最想要發揮的貢獻或價值是什麼？想想你希望成為什麼樣的人？清楚地看見當下的自己，朝向你的目標前進，難行一樣能行。

　　最後用王之渙的詩〈登鸛雀樓〉來與大家共勉！走一條沒人走過的路，一開始是最難的，你也許正在啟程中，歡迎你更上一層樓，你會發現風景的不同！

　　　　白日依山盡，黃河入海流。
　　　　欲窮千里目，更上一層樓。

難行能行

反思與行動

請寫下以下這些問題的答案,答案沒有對錯,它是自我探索的過程,也協助你更了解自己。

反思提問:
1. 你的職涯目標或人生目標是什麼?
2. 你如何知道這個目標符合你的擅長與熱情?
3. 為了這個職涯或人生目標,你準備如何學習?
4. 你如何為自己的學習當責?在資源有限下,你如何創造新的機會?
5. 遇到困難時,你如何突破?需要什麼資源?

行動計畫:
1. 上網做 VIA 測試,了解自己的動力與熱情的來源。
2. 完成你的 Wheel of Life 圖,找出想要改進的目標,尋求教練協助。
3. 訂出你的職涯或三年的目標,與 VIA 做對照。
4. 列出三個你想要的行動計畫,並訂出時間表,按時完成。
5. 設定一個短期的里程碑,為自己設計一種慶祝方式,完成後慶賀。
6. 找一位教練或導師,啟動你的旅程。

附錄一：Wheel of Life 生命之輪

請在下面每一個項目裡以 1～10 打分，10 分表示你非常滿意現況，1 分表示非常不滿意，接著把分數連接起來。下面是一個示意圖，讓你了解連接後可能的結果。

當圖形完成，請決定你想要改變的項目，再找教練會談。

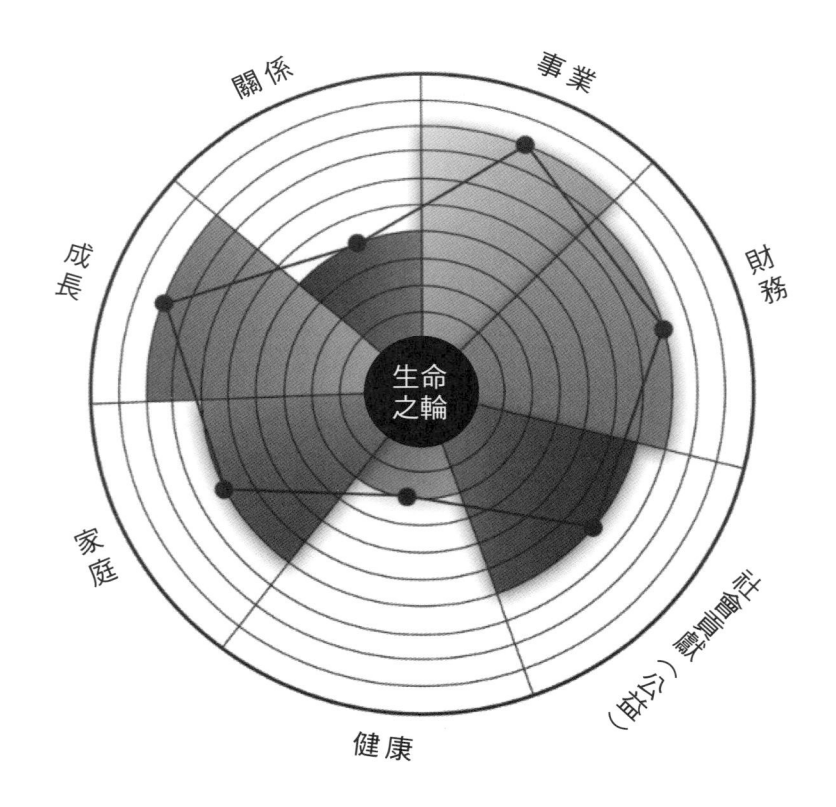

關係　事業　財務　社會貢獻（公益）　健康　家庭　成長

生命之輪

第一部

突破的力量——成為第一的挑戰

"It always seems impossible until it's done ."

「事情在完成之前總看起來不可能。」

——曼德拉（Nelson Mandela）

（圖片來源：Freepik）

在 2013 年～2014 年間，達真決定去中國大陸發展，那裡有一位達真畢業的學員劉教練，他是一位很有能力的 PCC 專業教練，由於他在達真學習時獲得很大的成長，所以很想在當地推廣教練。

上海是我們第一個嘗試的灘頭堡，因為劉教練的工作與家庭都在上海，當時的競爭非常激烈，至少有三家外商公司在上海開教練認證的課程，一家是美商、一家是韓國公司、一家是香港公司，而且這些公司都已經有好幾年經營的基礎，達真是臺灣來的公司，沒

有人知道，劉教練只能靠著開沙龍來讓人認識達真。

幾場沙龍下來，劉教練發現競爭者的老闆都是 MCC 大師教練，只有達真的老闆是 PCC 專業教練，為了扭轉頹勢，增加我們的競爭力，他提出建議讓我去申請 MCC。

申請 MCC

這段難行與開疆闢土的道路又開始了，我申請 MCC 的動機還是「無我利他」。對我而言，達真是否一定要在上海發展還是未知數，而劉教練在上海並沒有一個穩定的工作，他的教練能力又很不錯，我希望能夠協助他在上海設立達真的分公司，讓他在上海站穩腳跟，好好發展他的教練事業。

當時（2015 年）臺灣沒有任何 MCC，而要成為 MCC，必須找一位 MCC 的督導教練。我上網查了香港、新加坡的 MCC 資料，寫了七、八封信去問都如石沉大海，我記得只有一位香港的 MCC 回應說，他現在沒有在做 MCC 的輔導。

找不到會講中文的 MCC 督導教練，我只好退而求其次，找英文的督導，於是我把目標轉向美國，那裡至少還是我住了十年的地方。從美國的網站看到不少 MCC 都提供這個服務，人數很多，但單從介紹無從判斷他們的督導能力，而價錢也高低不同，我抱著試試看的心情，挑選了一位以前學習教練的 ICA 學校的老師，她的價錢很合理，合約先簽四次，我想嘗試看看彼此是否合適。

由於是英文的督導，我以為 MCC 的帶子必須要講英文，也沒有搞清楚 ICF 的審核並不需要英文。剛開始我找了好幾位會講英文的客戶，包含我的下屬、女婿、同事，後來發現用英文教練實在無法完全展現我的教練能力，我會重複確定對方英文的表達是否是我聽到的，帶子裡重複的比例太高，我自己都非常不滿意，當時的督導也沒有告訴我其實不需要英文帶，就這樣我浪費了大約兩個月的時間，沒有錄製到任何一個我覺得滿意的帶子。走一條沒人走過的路常常會發生這樣的事情，嘗試與修正是很常見的，最重要的還是我們如何從中學習與修改前進，同時要專注地盯住自己的目標，這也要感謝我從 GROW Model 裡養成的習慣——盯住目標前進。

　　當我發現非母語的教練不是我可以展現 MCC 教練功力的方式後，我上網再查了一下 ICF 的規定，發現其實可以提供中文的教練帶，但是要翻譯成英文。這個發現讓我開心極了，我立刻修改了方向，開始找合適的客戶來錄製 MCC 的帶子。

　　客戶的問題解決了，剩下就是督導的問題。我第一次找到的督導，在拿給她兩次教練帶後就發現她完全無法輔導我，我期待的是一位真正能夠指導我進步的督導，但是這位教練似乎對 MCC 的職能並不熟悉，也無法提供我適當的建議與改進的方向。

　　茫茫人海中，我要如何找到合適的督導呢？本來我只找美國西岸的督導，後來想想紐約人文薈萃，也許可以從紐約來找。這次我根據前次的失敗經驗，特別找了有 ICF 評估員身分的督導，果然很快地過濾掉幾位，最後找到一位法國督導。

　　這位督導很年輕，大概 37 歲左右，我很佩服她那麼年輕就能

夠拿到 MCC，同時還有成功輔導 MCC 的經驗。她的督導方式有團體也有個人，但是團體的方式都是外國人，我覺得對我也不合適，於是跟她開始了一對一的教練輔導之旅。

客戶的目標不是目標？

輔導時每次都要交一個教練帶，翻譯成英文，督導會跟我解釋這個帶子哪裡需要改進。剛開始的幾次輔導，我幾乎要崩潰了，因為督導告訴我的職能方向顛覆了所有我已經學過的教練概念，這個改變是痛苦的，督導告訴我「客戶的目標不是目標」，我請她解釋這是什麼意思，她說：「千萬不要把客戶帶來的目標當成是目標。」這是什麼意思？我不把客戶的目標當成目標，難道是要我自己設定目標嗎？還是我要引導客戶去想我認為的目標？這樣不是 leading 嗎？

我心裡有非常多的疑惑，督導也沒有教我方法，只是給我一個概念，我咀嚼良久，什麼是「客戶的目標不是目標」？後來在核心職能裡的原文才看出一些端倪，原文如下：

The coach works with the client to clarify and develop goals that achieve more than just the presenting concerns of the client.

教練與客戶合作，澄清與發展目標，讓目標不僅僅是解決客戶當前關心的問題。

舉例來說，客戶帶來的議題是：「如何讓自己準備課程時，不要準備得那麼多？」當前的議題是她會準備得盡善盡美，造成自己很大的工作壓力，時間會不夠用，於是她會逃避，也發現自己在準備過程中其實有不專注的現象，教練深度探尋的結果，發現客戶真正的議題是：「如何讓自己能在面臨時間壓力時，仍能夠感覺自由地準備？」所謂客戶的目標不是目標，就是不能相信客戶帶來的表面議題，而是客戶真實的議題是要經過聆聽、澄清、核對與確認，發展出來的很可能是一個完全不同的議題。一開始的目標，非常有可能不是真正的目標。

前三次給督導的教練帶都慘遭滑鐵盧，督導的回饋讓我體無完膚，對於成為 MCC 完全失去信心，一直嘗試做到督導給我的指示，但是卻無法達成督導要的結果。在第四次督導時，完全沒有信心與方向的我實在無法成功錄製任何教練帶，於是我要求督導做一個 MCC 的教練示範，督導也答應了，現場拿我的議題來做示範，結果發現督導的功力也不過如此！原來「說到」與「做到」還是兩回事，這時我的信心才開始恢復。這次督導的經驗帶給我的學習是：未來我做督導，絕對不能打擊學員的信心，要看到學員的潛能，輔導他們有信心地前進。

四次督導後，我很清楚 MCC 的方向，也更有信心，自己找到了客戶 T，開始準備 MCC 的送審帶。T 是一位靈性與覺察力很高的客戶，我在教練他的過程也非常享受，兩個教練帶很快就錄製成功，整個教練的過程，我充分體會到「**不用力教練**」及與客戶**同頻同在**的 MCC 精神。

成為第一的挑戰

  2016 年我拿到臺灣第一位 MCC 的資格，這個里程碑讓我非常喜悅，當時全球 MCC 只占所有專業教練的 2％，而亞洲的比例更低。2024 年全球 MCC 的比例提高到 4％〜5％，但是亞洲仍然只有 1％〜2％。為何 MCC 這麼困難？我遇到的挑戰又有哪些？

一、時間

  麥爾坎・葛拉威爾（Malcom Gladwell）在其研究中提到，成為

某領域的專家通常需要 1 萬小時的刻意練習。雖然 ICF 規定只要執業 2,500 小時就可以申請 MCC，但是在臺灣，由於教練是一個新興行業，僅有外商公司願意為他們的高階主管聘請教練，我的使命本來就是要為企業人服務，這 2,500 小時花了我十年的時間才完成，而我目前輔導過的幾位 MCC，幾乎也都要花接近十年的時間才能夠提出申請，所以要申請 MCC 的教練們，首先要挑戰自己的就是投入的時間。所有的專業人士，都必須要靠不斷地練習來精進自己，外科醫師要能執業成為專家，至少要有 2 萬小時的操作時間；成為專業醫師，至少要十至十五年；而諮商師必須擁有碩士學位，再加上實習與被督導的時間，也必須至少兩年，累積超過 3,000 小時才能成為諮商師。成為任何領域的專家，更必須要有八至十年的經驗，所以，要問自己的是：

我真的想成為這個領域的頂尖人物嗎？
它對我的意義是什麼？

如果你能找到真實的意義與重要性，而這個意義必須是**利他**的；願大力就大，這個願力會帶領你走過十年甚至更長的時間，大師的地位也會水到渠成地達成。

另外，申請 MCC 的過程也非常艱難，前面提到督導的選擇：語文的考慮、專業的評估、教練技能與心法的體悟能力，都會讓申請過程增加變數，我自己就花了約一年半的時間申請，而我輔導過的四位 MCC，也只有一位的時間比我短，有一位甚至花了三年。總而言之，申請 MCC 需要至少一年來準備，最重要的準備是面對自己的不足，踏出舒適圈，打破自己再重塑，這些都需要**勇氣**。

二、資源匱乏

2015 年申請 MCC 時，我的唯一資源是 ICF 網站上公布的 ACC、PCC、MCC 職能比較表，這個表當時是我的「聖經」，我隨時都在看與體會其中的意義。教練學校沒有特別教 MCC 的職能，也沒有開課讓我體會「無我」與「不用力教練」的意思。與其他專業認證比起來，MCC 的認證體系資源在當時是非常貧乏的。

這個系統資源的不足，還包含人力資源，我沒有 MCC 學伴可以切磋，也沒有講中文的 MCC 督導能教導我，讓我的教練帶獲得更直接的回饋；而英文督導，由於文化與年齡差異，對於我後來領悟到的 MCC 教練心法，她其實一竅不通。一切現在看來都不是問題的部分，在 2015 年都是我的挑戰與需要面對的。

三、教練心法與技法的精進

ICF 在 2023 年才開始開放 MCC Level 3 的認證課程申請，意謂著在 2023 年以前，所有 ICF 的教練培訓機構並沒有特別針對 MCC 的培訓計畫，達真在 2023 年以前，也只是把 PCC 與 MCC 的培訓混合在一起教導，教練如何分辨自己在 PCC 階段與 MCC 階段需要學習哪些不同的心態與技巧，是沒有清楚指標的。

2024 年達真很幸運地拿到了臺灣第一個 MCC Level 3 大師教

練培訓的認證，終於我們可以清楚地教導學生 ACC、PCC 與 MCC 的不同。在 ACC 階段，學員只要學會協助客戶把事情解決，能肯定欣賞客戶，就是一位合格的 ACC。PCC 階段，學員開始人、事並重，事情必須做到有新的覺察與破框，人的部分則必須要能反應客戶的感受、想法、非語言訊息、能量的變化，啟發客戶的內在覺察，產生比較深度的轉化。

到了 MCC 階段，人的看見幾乎是 100％，學員必須協助客戶看到完整的自己，教練除了自己做鏡子，也引導客戶像鏡子一樣地觀察自己，無我且不用力地讓客戶領導整個教練會談，會談將更為深入，也讓客戶看到多層次與完整的自己。

如何做到上面談到的深度覺察但卻不用力教練，是 MCC 最困難的部分，我看見幾位我培養出來的 MCC，當他們改變了自己的教練方式，更放手、更無我時，客戶的自我發現、自我覺察與自我解決問題的能力，就像牡丹花一樣一層層地綻放。

最近我輔導的一位 PCC 想要申請 MCC，他本身是顧問，十次被輔導成為 MCC 的過程中，我看到他從顧問轉變成教練，從給建議到完全相信客戶可以自行解決問題；而他的客戶，也從依賴他提供建議、無法回答教練的提問，到後來能夠完全的自我覺察與反思，找到突破自己思維與慣性的行動方案。

記得一開始聽他的教練帶時，我聽到客戶一上線，還沒談 5 分鐘就問他：「教練你可以給我建議嗎？教練你有什麼想法？教練你怎麼看？」教練雖然被我告知絕對不可以給建議，事前他也與客戶溝通過，但是完全不管用，客戶已經養成了依賴教練的習慣。

難行能行

直到大約第五次教練，客戶才開始改掉上面的互動方式，嘗試著自己獨立思考去解決問題；而到第八次教練，我開始聽到客戶主動提出想要在教練過程中專注的議題，而且可以反思了。案例的簡單說明如下：

客戶離職後想要創業，找到了一位創業夥伴，她想要在教練會談中談如何跟這位夥伴合作與互動，教練澄清後知道她想要的是一種坦誠的、互相尊重與接納的互動模式，接著教練問她：妳接下來想談什麼呢？客戶竟然主動提出她想談：可能阻礙互動合作的因素。在這些阻礙中，客戶覺察到她「**渴望別人的認可與尊重**」是一個阻礙，她太用力去追求表現與他人的認可，以至於得不到她想要的結果。最後教練詢問客戶的學習，她提到「凡事不可太用力」及「向外求不如向內求」的思維大躍進。

這種讓客戶產生的大轉變，在 PCC 教練中較難看到，這位客戶當初離職，跟上面提到的阻礙──**得到主管的認可與尊重**，有很大關係，這是她堅定的信念，而在第八次教練裡，客戶終於體會到外求不如內求，了解這個信念是會阻礙未來與合作夥伴的互動的。

讓我最驚豔的就是這種連動的力量，MCC 的教練方式不但啟動了教練本人的改變，也啟動了客戶。這種美好的感受，沒有經歷過的人很難體會。

「完整的人」的信念

另外一個 MCC 教練的困難點是「完整的人」（Whole Person）的概念，ICF 對於完整的人的解釋是模糊的，我在申請

MCC 的過程中也無法完整地體會，而是在拿到 MCC 後不斷探索下，才比較了解真正 MCC 的精神。

在上面的案例，客戶的「完整」展現在她發現信念帶來的限制，看到了更大可能的自己。基本上 MCC 要相信的還是自己的完整，如果你在前進 MCC 的路上遇到挫折，請相信自己是沒有問題的、是完整的，「煩惱即菩提」表達的就是自己的完整，煩惱根本就不存在，都是自己創造出來的，我們的客戶也是一樣。

因為每個人的不同，「完整」確實無法「一言以蔽之」，「道可道，非常道」，在 MCC 教練裡，我們只要深信「每個人都是完整的」，那麼自然能夠讓客戶體會到自己的完整。

另外，完整談的不只是自己，還含有萬事萬物，當我們看見自己與眾生都是一體的，這個「We Are One」才是真正的完整。在我們專業班的課程裡，會應用隱喻來讓學員看見自己與萬事萬物連接後的完整，有一位同學與大自然物連接時覺察自己是蝴蝶，當暴風雨來臨時，她發現蝴蝶的力量來自於「**輕盈**」，這帶給她很大的啟發，當她遇見人生的大風大浪時，可以如何運用蝴蝶的輕盈來面對問題，迎風飛翔。這位同學後來將這輕盈應用在面對客戶與老闆的挑戰上，讓她能在溝通的當下，看到自己的完整。

四、情緒管理

在成為第一的路上，一直都是孤獨的，就像在濃霧裡一個人開

車,心裡會害怕、迷惘與挫折,如果不能管理這些情緒的波動,很可能半途而廢。成為第一有兩個很大的情緒管理上的挑戰:一個是不清楚的未來,一個是孤單。

伯納(S. Budner)在 1962 年提出的模糊容忍度(Ambiguity Tolerance)的研究表明,成功的領導者和創業者通常具有較高的模糊容忍度,能在不確定性中保持清晰思考並採取行動。成為某個領域的第一人,不確定的狀況很多,資源也很少,從我前面的故事大家應該也略窺一二,能夠容忍不確定性並採取行動並不容易,我自己的體悟是要很清楚自己的目標,以及這個目標對你的意義與重要性,專注在你可以控制的元素上,同時認知模糊是常態,不期待清晰,這樣比較能堅持下來。

社會支持理論(Social Support Theory)的研究表明,缺乏支持,會對目標達成產生負面影響,尤其是孤單感和無助感可能削弱個人動力(Cohen & Wills, 1985)。前面提過,不管是我在學習教練的過程,或者申請 MCC 的過程,我的孤單感與無助感都曾經發生,而且確實也讓我有想要退縮的念頭,但是研究告訴我們,**內在動機強**的人便容易克服這些障礙。

現在來談談我在取得 MCC 過程中的孤單感,這個孤單感在找督導時特別強烈,我不知道如何找到一位好的督導,而後來找到的那位法國督導,我從來沒有感覺到她的支持,只感覺到她對我的批判與要求,那時的我就好像是被丟在學校裡留校察看的孤兒,舉目無親,同時也求助無門。

經過三次的督導,什麼是「客戶的目標不是目標」?什麼是

「完全的夥伴關係」？什麼是「教練必須是完全跟客戶連接的觀察者」？我沒有一個搞懂的。提不出符合這些要求的教練帶，我的情緒跌到谷底，而我記得當初簽教練協議時，督導曾經跟我說過：「如果妳沒有教練帶，也可以讓我教練妳。」所以當我跟督導提出當時的瓶頸及要她教練我的請求時，督導馬上就答應了。

　　我其實很感謝這位督導，如果她沒有答應教練我，我可能就走不出這個孤單與自我放棄的感覺，當她教練完後，我才知道這些困境是我自己想像的，MCC 並不是神，我不可能在三次輔導後便達到完美的 MCC 標準，這時孤單無助的感覺就完全消失了。

　　其實孤獨與孤單並不一樣，我如果在那時能夠區別自己是**孤獨**還是**孤單**，應該會有很大的幫助。我確實是一個人走在這條路上，但是我不孤單，因為有支持我的家人與朋友，只要我提出需要協助，雖然他們不能幫助我成為 MCC，但是他們能聽我傾訴、陪伴我、鼓勵我，這些都是支持我往前走的力量。

　　在成為第一的領頭羊位置，孤獨是必然的，我們要學習享受孤獨，區別孤獨與孤單的不同。孤獨是你一個人登峰，但是仍然能夠享受沿途的風景，而孤單是你在登山準備的過程中，不求救、不找資源，這會讓你自己創造了孤單的感覺，也會影響你的成功。如何讓自己享受孤獨，但不讓自己覺得孤單，這是成為頂尖人士的一個重要學習。

　　下面我們就來談談突破這四大困難的方法。

突破的力量——內在動機

內在動機指的是個人因對活動本身的興趣和滿足感而自發地參與，這種動機源自於活動本身帶來的樂趣或挑戰。

為何我能夠克服前文的四大挑戰呢？

我個人的內在動機是什麼？

什麼動能讓我持續不斷經營教練超過十五年？

我記得有夥伴問我，為何要成為第一？

不管是學習教練、設置教練學校、發展全球第一套 GROW 提問卡、提出心法教練的主張、成為 MCC、成立臺灣第一個大師教練的培育中心⋯⋯，這些都是我的第一，為何第一對我那麼重要？

第一不是目標

其實第一從來都不是我的目標，我的目標是助人與成長，而我的心態都是「無我利他」，如果你來上達真「成長心態」的課程就會學習到，有成長心態的人絕對不會把「贏」或「第一」設為目標，反而會專注在自己不斷地「成長」。

如果我一開始就設定一定要成為臺灣第一位 MCC，大家可以猜測過程中會發生哪些事情：我可能經常打聽誰在申請 MCC？他／她是如何申請的？過關了沒有？我的精力不會放在自己的成長，

反而是放在如何「贏」他人。這時我的壓力會比原來的壓力至少大兩倍,而我的專注力也會分散到不重要的地方。

麥可‧喬丹(Michael Jordon),NBA籃球史上最具影響力的球員,他獲得六次NBA籃球賽冠軍,五次被選為最有價值球員(MVP),目前仍保持例行賽中每場平均最高的得分紀錄(30.12分),他曾經說過:

"Don't be afraid to fail. Be afraid not to try."
「不要害怕失敗,要害怕沒有嘗試。」

喬丹成為籃球史上最有影響力的球員,創造了許多的第一,但他經歷過的失敗不亞於他的成功,他努力的目標從來都不是第一,而是不被失敗打敗,永遠嘗試與進步,為自己、為團隊不斷地創造價值。

我相信任何人想要成為某個領域的專家或大師,他/她一定是經常以**自我突破**與**創造價值**為目標,在教練領域裡,我想要突破與達到的目標是「不用力教練」,想要創造的價值就是「讓達真以我為榮,讓客戶與學員都能看見閃閃發光的自己」。在這樣的目標與價值領導下,我的教練會自然不斷地進步,因為我要的目標是很難一步到位的。

請設定你自己的卓越目標,無須跟任何人比較,問問你自己:

「我想要帶給自己、我的團隊、我的公司、我的家人什麼樣的價值?」

「在我的專業領域裡，我想設定的長期目標是什麼？」

當你能回答這些問題時，請找一位好的督導教練（Supervisor Coach），讓他／她來協助你邁向自己的巔峰。

內在動機——初心、熱情與使命

要長時間投入一個專業，沒有熱情或使命感會很難做到，從 ACC 到 MCC 的十年中，我也曾經打退堂鼓過，這是因為我在高階主管教練上受到挫折，客戶對我的教練很滿意，但是我自己很不滿意，我希望看到客戶由內而外產生轉變，不是因為公司的要求而產生轉變，當時我是 PCC，輔導的一位高階主管，她很清楚公司對她的行為的要求，於是她從改變自己行為的方式，來達到公司的要求及晉升的目的，等教練結束後，她又故態復萌。這讓我十分挫敗，教練在我身上發生的轉化，竟然無法複製到她身上。

我的教練學校的學生們，也都有類似這樣的挫折發生，在拿證照的路上會有挫折，在客戶身上會有挫折，其實如果我們好好地覺察自己，會發現大部分挫折的來源都是自己。以我為例，我的挫折來源是我的標準太高，希望客戶依照我的方式來改變，而非客戶想要的方式。當我們先看到，「**所有的問題都來自於自己**」時，這個認知是面對十年漫漫長路能走下去的第一步，當認知一切的問題都來自於自己時，自我覺察的路才會開始，而完整的自己、沒有問題的自己就會慢慢出現。

在這漫長十年的專家路上，需要提醒自己的是「**保持初心**」與教練的「**熱情**」，在挫折時，我問自己的第一個問題就是：「我為何投入這個行業？」

這裡談的保持初心是指初發心，提醒自己「為何而來？為何而做？」任何行業做久了，很容易忘記初心，我們看見醫師、護理師、心理師、諮商師，真正能保持初心的人不多，這是因為我們的環境與教育體系並沒有太強調初心的重要，而環境的壓力與變化，很容易讓我們忘記初心。

四年一次的奧運會都有一個重要的傳承聖火儀式，聖火從希臘經過幾千人傳遞到主辦國，當聖火點燃時，全球參與奧運會的國家會體會到團結、和平與希望的意義，這就是奧運會的初心。如果我們每個專業人士，能夠每年有這樣一個儀式來提醒自己的初心，醫師們知道自己是為救人而來，不是為賺錢；教練們知道自己是為助人而來，不是為盈利，我相信這個社會一定會更美好！

第二個問題是：「什麼讓我在這個行業裡感覺快樂？」這個問題與熱情有關，我當時也問過自己，我投入教練是因為經歷了覺察帶給我的快樂與改變，希望也把這樣的快樂帶給他人，而在教練這個行業裡，我也看到客戶或學員們因為自我覺察而帶來的轉變，這個轉變帶給他／她自己、工作及家人更大的自由、幸福與快樂！

達真有一位 PCC，剛開始學教練時常為自己的老公及女兒煩惱，覺得老公常常亂發脾氣，女兒不聽話，不好好讀書。後來她運用達真的心法與自我覺察，與老公的關係變得非常和諧，跟女兒的關係也從對立變為好朋友。這不是一個案例而已，這樣的轉變在達

真非常多的學員身上發生,也是我對教練工作非常有熱情與使命感的原因。

「自覺後再覺他」,這是達真的信念,也是教學的核心,自覺能讓自己找到熱情所在,找回初衷,聽見內在的聲音。這樣的自覺會讓自己更有力量走在孤獨的領航路上,也能夠運用自覺來影響他人,達到覺他的使命。

每個人對於自己行業的熱情可能都不同,大家都必須要為自己負責,找到自己的熱情與初心所在;如果你不知道如何找到熱情,可以運用〈緒論〉中提供的 VIA 測驗找到你的熱情。

熱情的迷思

2005 年賈伯斯(Steve Jobs)在對史丹佛大學畢業生演講時提到:「一定要找到你的熱情所在,把事情做得有聲有色的唯一方法是熱愛你做的事情,如果你還沒有找到,請繼續找,不要勉強遷就。」這個演講為許多人津津樂道,至今仍被學子們奉為圭臬。但是我對這個說法是有懷疑的,因為我自己走上 MCC 的過程中,並不是一開始就有這樣的熱情,走上教練之路與最後獲得大師教練的資格其實是源自於一顆「無我利他」的心,而在其他大師身上,例如提倡正念減壓(Mindfulness Based Stress Reduction, MBSR)的卡巴金(Jon Kabat-Zinn)博士以及德蕾莎修女,也都比較是秉持這樣的無我利他精神。

我認為熱情是需要培養的,當你對於工作熟悉後,才知道自己是否真的有熱情。如果不能夠保持初心,對於工作刻意練習,就不

會有好的結果，而結果也會影響你的熱情。

對於事情的過度熱情，很容易讓我們在職涯選擇上造成困惑與壓力，研究也指出，過於執著在找到熱情，反而讓人感到迷失與焦慮。丹尼爾・高曼（Daniel Goleman）在 EQ 理論裡也提到，如果只有熱情，而忽視了 EQ 的情緒調節，可能會導致過度投入，造成倦怠（Burnout），或忽視其他生活層面，例如家人、健康等。

所以，如果你在工作中已經找到了熱情，恭喜你！如果還沒有，也請不要氣餒，繼續努力嘗試，總有一天你會知道自己對什麼真正有熱情。

熱情與成功

高曼的研究告訴我們，在職場上，光有熱情並不足以帶來成功，高 EQ 的領導者能將熱情與同理心（Empathy）、社交技巧（Social Skills）結合，才能有效影響團隊和組織發展。

成為 MCC 大師教練，雖然與團隊領導沒有直接的關係，但是高曼的研究告訴我們，太執著於熱情，或認為熱情是唯一的成功要素，是很危險的。

尋找熱情其實是一段「嘗試錯誤」的過程，單純坐在電腦前思考是無法找到的，熱情需要你去行動。如果你要成為教練，就要先開始學習教練、練習教練；你想要成為醫師，可以先去醫院當志工，了解醫師的生活；你想要成為作家，可以先在 FB／IG 嘗試寫點東西，看看有多少人按讚。

熱情與試錯

　　熱情始於大膽地嘗試新事物，喬丹的故事也告訴我們他的成功都是因為試錯而來，不要害怕犯錯，《隱性潛能》（*Hidden Potential*）的作者亞當・格蘭特（Adam Grant）甚至提到，每天設定犯錯的目標，比設定成功的目標更能夠讓自己學習與成長。

　　尋找熱情需要時間，尋找熱情的過程可能是混亂的，但是請你給自己時間，不斷地覺察自己，容許自己犯錯，容許自己混亂，容許自己不知道答案，慢慢地，熱情會在你的心中浮現。

　　以我自己為例，在大學時期，因為投入社團工作，當了慈幼會法分會的負責人，才知道自己似乎對管理有熱情，後來選擇去念 MBA 就是因為這個想法。但是管理人多年以後，我發現自己對於管理並沒有熱情，人很不好搞，當主管時又沒有學會教練，對於搞怪員工常常處理得很糟糕，對於管理的熱情，完全是我「不知所以然」下的假設。

　　我畢業後的第一份工作是做作業研究分析師（Operation Research Analyst），這個工作很像是現在的軟體工程師，我讀的是金融管理 MBA，成為作業研究分析師根本不是我的專長，當然更不是我的熱情所在，那只是一份餬口的工作。經過三年的訓練後，我發現雖然有能力把這個工作做得不錯，但是也清楚知道這不是自己喜歡的，我比較喜歡接觸人，而非每天面對電腦。這是一個試錯的經驗，但是至少我學習到自己比較喜歡人，而非機器。

熱情與學習

　　第一次找到熱情是從美國回到臺灣，我因為公司與老公的需要，開始嘗試業務工作，我的公司是一家剛來臺灣的美商公司，它在美國就以賣高額保單聞名，對於臺灣的第一批業務代表，公司不遺餘力地培養，給予我們非常扎實的業務訓練，我在內勤時完全沒有接觸到這麼多新奇的學習，不管是業務方式、業務管理、業務規劃及行銷，所學比我在 MBA 接觸到的更落地與深入。那是我第一次感受到什麼是不眠不休的工作精神，我主動幫公司翻譯了所有英文教材，設計訓練計畫，訓練我的業務員，將教材修改成比較適合東方人的做法，每天上班的時間很長，但是非常充實，我好像是劉姥姥初進大觀園，每天都感覺自己有學不完、看不盡的東西，每天都在進步！

　　這是我第一次體會到「熱情」，我發現學習新事物會帶給我很多熱情，後續更發現我對於培訓他人也有很多的熱情，不管是我的下屬、現在達真的學員，這份熱情都沒有喪失。另外我還發現，自己做志工非常有熱情，我在慈濟做志工十年，大約 1995 年時，我被指派必須將汐止兒童精進班建立起來，那時我的工作非常忙碌，每週要工作五、六天，每天工作 10 小時，但是對於成立這個公益團體我仍然非常投入，週末一大早開車去汐止開會、演練教案、跑流程與上課，平日晚上下班後還要到汐止討論教案，教案會議結束後回到家都已經超過晚上 10 點，有一次還因為太疲倦，在南港發生車禍。這個投入公益活動的熱情與我的 VIA——有意義的人生有關，而這些尋找熱情的過程，當時都是在沒有覺察下發生的，如果

難行能行

是現在的我，會更有意識地嘗試跟我的 VIA 相關的不同工作，讓自己有更多的學習與成長。

而教練領域是到目前為止，我投入時間最長的工作，從 2006 年開始學習教練，至今已經超過十九年，以往我在任何一個單位（含公益）最長都是十年，為何這個工作我最有熱情呢？因為它符合了「**學習成長**」、「**助人**」、「**有意義的人生**」這三個我很重視的價值，我在研究所畢業時並不知道這些，是透過不斷地嘗試與試錯而來，而我也很感恩有這些機會，讓我最後能將事業與志業合而為一，真正走在自己的使命道路上。

尋找熱情

如何能夠快速找到自己的熱情所在？現在自我了解的工具很多，不管是 MBTI、VIA、DISC、BIG5，請先上網做測驗，了解自己的熱情與擅長，例如：我的 MBTI 是 ISTJ，我知道自己動力的來源是內向與反思，而且我是一個需要實作來累積經驗與成就感的人，行動會帶給我熱情；而我的 VIA 是勤奮、公平與有意義的人生，符合我這些特質的工作，仍然要經過一段試錯的過程。邀請大家勇敢地去嘗試，在過程中要不斷問自己：

我喜歡這個工作的什麼？
我的不眠不休的經驗是什麼？
在這些不眠不休的經驗裡，我的動能是什麼？
什麼讓我覺得有價值？什麼讓我覺得時間完全不重要？
未來我想要成為怎麼樣的自己？

內在動機與使命

　　內在動機強能夠讓人長期投入一項專業，並且克服所有困難，而使命感比熱情還更能夠讓自己持久。使命感是一種深層的責任與意義感，驅使個人追求對他人或社會有價值的工作，同時一定會有「無我利他」的精神，而因為這種精神，更多的資源會來到我們身邊來協助我們。

　　研究顯示，使命感與內在動機之間存在密切的關聯。有強烈使命感的個人，往往在工作中展現更高的內在動機，因為他們認為自己的工作具有意義和價值，進而提升工作投入度和敬業度。

　　內在動機的保持初心與熱情，比較容易找到，熱情會因時、地、物而轉變，但是使命則不容易改變，要保持十年的努力，找到自己的使命就很重要。與熱情相同的部分是，使命也是一段試錯的過程，不同的是它需要更多的自我覺察，當我們找到使命時，會感覺到內在升起一股堅定不移與感動的力量。

　　使命在達真是兩天的課程，透過這個課程，學員重新經驗自己的生命，享受生命帶給自己的禮物，而這些禮物，是透過體覺與視覺的方式讓學員覺察。感受強或比較靈性的學員，會在當下找到自己的使命，找到時，很多學員都會流下淚來，那是一種與深層自我結合後的感動，也是一種終於找到「我是誰」的感動。我曾經遇過一位學員，她看到的使命畫面是一群孩子很開心地圍繞著她，帶著祈求與快樂的眼光，她本來也不相信那就是自己的使命，但是第二

天，這個畫面更清楚地出現，在那一刻她確定了「親子教練」的方向，而目前她也做得有聲有色，很開心地走在她的使命的路上。

IKIGAI 與使命

　　使命也有比較理性的做法，例如：IKIGAI，它透過找出自己擅長、享受、世界的需要與別人願意付錢請你做的事情的交集，定義你的生命意義。不論是哪一種做法，都值得去嘗試。在達真十幾年的教學經驗裡，我發現使命是一個過程，非常少數的人在上課時就找到自己的使命，大部分的學員會在課程中體會到使命的感覺，有些人會懷疑，有些人上完課就忘記使命的重要性，也有些人像我一樣，一直持續地尋找中。

　　IKIGAI 是一種用理性的方式來尋找使命，如果你是感性的人，我建議還是用感性或直覺來尋找你的使命。感受一下，你做什麼事情真正感覺享受？以我為例，我很享受跟人的心靈交流，享受執行與運用學習到的知識，享受幕後推動他人成長，享受幫助人從內在產生轉化⋯⋯，這麼多的享受，如何收斂成一個？你可以收斂在你真正擅長的、別人願意付錢的，協助你排出優先順序。

　　而世界的需要是什麼？運用直覺我會覺得需要提升靈性或覺性，這兩項的交集就可能是我的使命，所以我初步定義我的使命是覺性教練，用心靈對話來讓客戶提升覺性。而我在使命課程裡，感受到的使命比較是「覺光」，讓每個人因為自覺而發光，照亮自己

图2：IKIGAI 附表

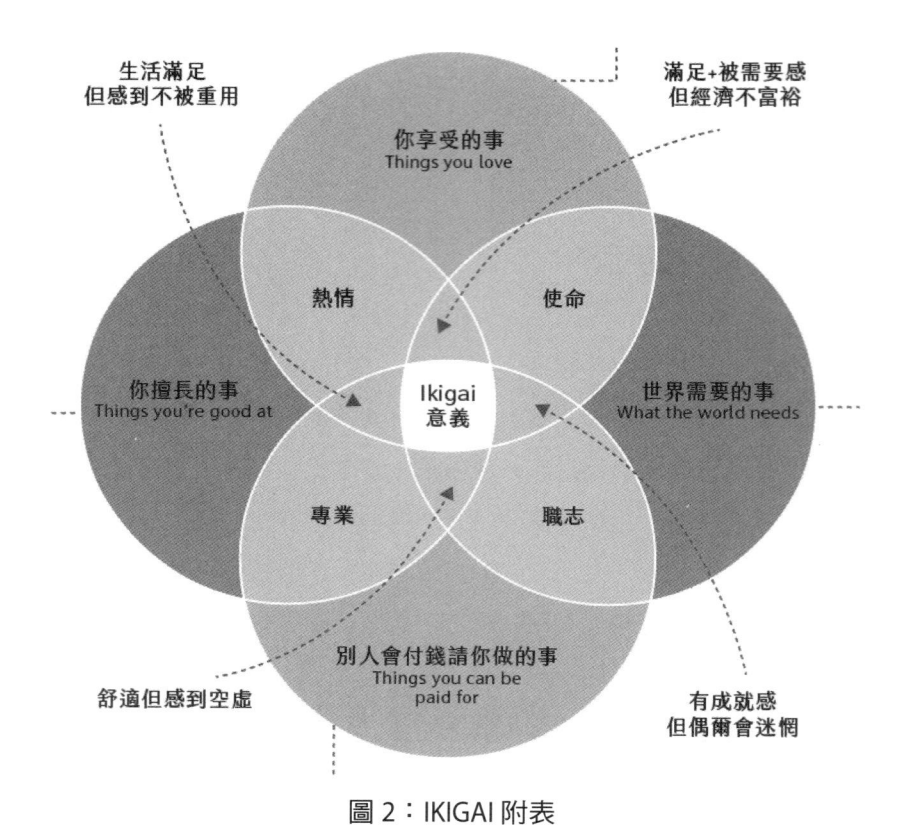

生活滿足但感到不被重用
滿足+被需要感但經濟不富裕
你享受的事 Things you love
熱情
使命
你擅長的事 Things you're good at
Ikigai 意義
世界需要的事 What the world needs
專業
職志
別人會付錢請你做的事 Things you can be paid for
舒適但感到空虛
有成就感但偶爾會迷惘

也照亮他人。

　　如果你想要在某個領域裡出類拔萃，做到自己的第一，建議你要花時間找出自己的使命，它是一段旅程，不用著急，請享受這個過程。

　　使命為何會被很多人忽略呢？一方面是因為它有難度，要經常問自己：

難行能行

到底我是誰？

我為什麼活在這世界上？

我來的目的或意義是什麼？

另一方面是：不知道我是誰，似乎也不影響生活。你可以看一下周圍的人，父母、親友、同事，有哪些人真正知道自己的使命？他們不都活得好好的嗎？

所以，如果對於自己生命的目的與意義並不好奇，當然你也可以選擇不去找自己的使命，但是很有可能在你蓋棺論定的那一天，你會像三國時代周瑜所說：「既生瑜，何生亮？」那是一種對自己生命價值的懷疑，如果周瑜找到自己的使命，也許就不會有這樣的感慨了。

使命是一段對自我目標與生命意義認同的語言，我很想知道自己的生命目的，也很想要感受那種找到後的感動，所以花了非常多時間來尋找我的使命，每年上課時，我都會更新自己的使命，因為一直都沒有找到。

在多次打坐時，我會感覺到自己全身放光，身體不見了，那是一種天人合一的感受，而且在我的生命歷程中，最感到快樂的經驗就是自我覺察，我猜想這種因為覺察而讓我放光，應該是使命的感受。覺察不會產生很大的熱情，它是一種自我探索的過程，在過程中是辛苦的，但是它的結果讓我從困擾中解脫，享受真正的自由與快樂，而這種快樂是永遠存在的，不會因為環境而改變。當我確認了自己的使命是「覺光」的那一刻，我的穩定感產生了，內在有股堅定的力量，我猜想這就是使命的力量吧！

活在使命中

　　「覺光」是否真的是我的使命，我覺得也不太重要，重要的是我能否活在自己的使命中，這是一個更大的挑戰！我看到出家人或宗教領袖似乎不用提醒，自然就活在他們的使命中，佛陀開悟後，說法四十九年，沒有一天不活在他的使命中，而我們這些凡夫俗子，每天面對的挑戰非常多，家人、朋友、老闆、同事、下屬，每個人都對我們有需求，要滿足他們就已經忙得焦頭爛額了，怎麼還會有多餘的時間想：我今天是否活在自己的使命中？

　　看起來要真正了解自己生命的意義，才能夠每日都活在使命中，請大家不要氣餒，如果無法實踐每天過著有使命的生活，只要你每天有覺察，至少也不會離得太遠，知道自己的生命意義與價值，這已經值得好好慶賀了！

刻意練習

　　對於成為頂級專家或 MCC 大師教練，都需要刻意練習，前面提到有內在動機的熱情或使命感都還不夠，專家的養成，刻意練習是很重要的。刻意練習到底要如何做到？第一件很重要的事情，是找到一位好導師，教練裡，我們稱它為教練督導。

　　如何判斷督導是否適合你？要看他／她過去的成功經驗，如果督導有成功輔導過教練拿到 MCC 的經驗，那就是可以考慮的人選。當然，還要考慮彼此的化學氛圍（Chemistry），這可以透過一次的教練嘗試（Trial Session）來解決。

　　企業裡導師的制度也非常重要，接班人的培養，除了需要找一對一的教練外，搭配一位企業內的導師，對於接班人的成長與發展，是不可或缺的角色。

　　導師的作用，是成為接班人的楷模與學習的對象，導師的經驗傳承，對於接班人是非常重要的。企業裡選擇導師，通常用經驗與位置來做決定，我想要在這裡提醒的是，導師的教練能力（提問／聆聽／回饋／鼓勵的能力），也是成功的關鍵。這就像我在成為 MCC 的過程中，如果我找到好的督導或導師，我的努力會是事半功倍的。後面提到的一些刻意練習的技巧與方向，在企業裡，導師一樣可以設計，只要知道該職位的 KPI（職能指標），分段練習，自然就可以為公司培養人才。

　　刻意練習除了在督導的指導下進行，很重要的是要訂下自己的

分段學習目標，羅馬不是一天造成的，把大目標切成小目標，每週、每天先練習小的部分，慢慢改掉自己不合適的教練方式或習慣。

我輔導成功的第一位 MCC 是中國大陸的教練，其實她比我還早學習教練，在請我督導之前已經找過好幾位導師，但是都無法有效地幫助她，第一次拿到她的錄音帶時我嚇了一大跳，她已經有接近十年的教練經驗，但是這帶子的品質卻只有 ACC 的水準。

這位教練非常努力學習，經常到國外花大錢學習各種教練的專業知識，這樣一位勤奮與專注的教練，卻沒有合格的督導來協助她走在正確的路上。我很為她惋惜，在過程中，我怕打擊她的自信不敢告訴她，她當時的水準連 ACC 都沒有，在一點一滴不斷鼓勵與協助下，她才慢慢改掉只針對事情教練的習慣，而她擅長理性提問，提問深度也很不錯，我請她發揮自己的專長，再加上達真的心法「平等與無我」，她才開始真正達到 MCC 的水準。

這位教練進行了十三次輔導，超過兩年的時間才達到 MCC 的要求，如果她在一開始學教練時，能找對督導或好的教練學校學習，我相信她在十年內就能達到自己的巔峰。

她成功取得 MCC 的過程中，還有一個很重要的部分就是她自己的努力。她是我所輔導過的教練裡最有紀律的，每次跟我約定時間，一定都會準時把帶子交給我，從來不跟我改時間，每次訂出的刻意練習行動方案也一定都會做到，而且她每次設定的目標都很高，經常一次就要改兩、三個行為，這位 MCC 學員是讓我一直很感佩的對象。

刻意練習的核心在於**有目的、系統性地提升某項技能**，而不只

是重複練習。以下是幾個關鍵訣竅：

一、設定具挑戰性的明確目標

- **不是隨便練**，而是每次練習都有一個**明確的、超出目前能力一點的目標**。
- 以教練為例，教練有許多核心職能與心法，先釐清自己想提升哪一項技術或心法？

技術面向	可練習細項
聆聽	無我聆聽、停止預設立場、辨識語氣變化、觀察非語言訊息
提問	問開放式問題、挑戰性提問、澄清的提問
喚起覺察	察覺情緒轉折、行為的盲點、肢體或語氣的不一致、模式的核對
建立信任	肯定欣賞、同理情緒、重述關鍵想法、創造安全場域
建立協議	目標的釐清、目標的確認、議程的核對、目標的縮小

二、拆解技能，針對弱點訓練

把整體技能拆解成小部分，找出你最弱的點加強練習，這裡會是你需要督導的地方，回聽自己的教練帶也可能有幫助，但我還是建議找專家協助。

以「聆聽」為例，假設督導告知你最弱的是預設立場地聆聽，你可以拆解為：
- 每次聆聽都不給建議，不論對方是否要求。
- 帶著好奇心聆聽。

以「提問」為例，如果你的弱點是問封閉問題，可以拆解為：
- 用「好奇心」問出背後的動機或需要。
- 避免問是非題，改問：「對你來說，這意謂著什麼？」

三、安排模擬情境／真實教練練習

- 與同儕教練互練。
- 觀摩資深教練，再重複嘗試他的方法。
- 或請人扮演特定性格／議題的案主來模擬演練（如：防衛型案主、目標模糊型案主）。

這些方式我們也常常用在業務訓練，業務員想要快速成交，刻意練習、觀摩、角色扮演都是經常使用的方法。

四、即時回饋＋自我反思

- 請教練夥伴或督導觀察：你有沒有偏離自己的練習目標？請對方提供具體建議，如何可以達到你的目標？

- 練習後回聽錄音，記錄你設定的目標是否達到？有或沒有的原因？覺察自己內在發生什麼事情，造成刻意練習的目標沒有達成？回聽自己的錄音檔很重要，因為如果沒有回聽與反思，會看不到自己的盲點，拚命練習卻不知道問題所在，只會讓自己空轉，白費力氣。每次練習後都要反思：「這樣練有效嗎？」、「要不要換個方法？」不要盲目重複，而是**聰明調整**。

五、專注、高品質的練習時間

- 不求長時間，但求**高專注、不中斷**的練習。迭代同一個練習主題，調整策略重新練習，讓練習更加有趣與多元，直到你學會為止。

每天 30 分鐘全神貫注地練習，勝過 3 小時邊練邊滑手機。

六、刻意練習不是「舒服」的練習

練習時如果**感到吃力、有挑戰感**，那就是走在正確的「刻意練習」路上，永遠設定一個跳出舒適圈的目標，例如：5 分鐘內完成目標的澄清、10 分鐘內聽見客戶的需要。我輔導過一位 MCC，她告訴我在突破自己不深究情感的提問上，做了非常久的功課，那是

一段非常痛苦但是非常值得的過程。所以，如果你感覺不舒服，請堅持下去，當你走到終點時，回頭來時路，你會感覺非常自豪，也會感謝自己做了這些嘗試。

七、長期堅持與情緒管理

　　刻意練習會很痛苦，**找到動機來源**很重要，否則容易中斷。例如你的動機目標可以設定為：拿到 ACC 或 PCC 證照、挑戰自己的極限，或有效幫助客戶走出霧區等。

　　如何長期地做刻意練習？可以安排練習的儀式感（例如固定時間、環境）、與人一起練習、設定小成功獎勵，或用遊戲的方式刻意練習等。

　　可以每週設計一個刻意練習表，例如下方舉例：

星期	練習主題	方法
一	聆聽未說出口的情緒	錄音一場對話，回放標記出情緒轉折
二	問「一針見血」的問題	觀摩資深教練影片，寫下你最佩服的問題與邏輯
三	練習同理＋挑戰的平衡	與教練同儕模擬個案練習
四	彙整問題與行動的連結性	整理自己過去教練中最有效引導行動的提問方式
五	自我回顧＋調整策略	整理學習筆記並規劃下週練習主題

我輔導過的三位 MCC 都能做到刻意練習，有人學習的速度較慢、有人比較快，但是只要他們能刻意練習新的教練方式與心法，沒有不成功的。技術面其實不是 MCC 最大的挑戰，下面我們來談談情緒面。

逆境復原力

　　成為第一的挑戰，除了使命外，最難的是情緒管理；談到情緒管理，我們就來探討一下逆境復原力。什麼是逆境復原力？逆境復原力談的是心理韌性（Resilience），是指人們面對壓力、逆境或重大挑戰時，能夠適應、恢復甚至在挑戰中成長的能力。逆境復原力不僅是對壓力的抵抗，更是學習如何在逆境中找到機會和意義。

　　從 Luthar、Bandura、Dweck 及 Frankl 對於逆境復原力的研究，要擁有逆境復原力，有幾個關鍵因素：

　　1. 自我效能感：相信自己能解決問題。簡單說就是自信，而自信必須從自我肯定、自我接納開始，前面提到的刻意練習、找到自己的內在動機，都會對自我效能有很大的幫助。

　　2. 成長型思維：將挑戰視為學習與成長的機會。請參考 YouTube 上的影片：Developing a Growth Mindset with Carol Dweck（https://www.youtube.com/watch?v=hiiEeMN7vbQ），Dweck 短短 10 分鐘的演講，已經把如何培養成長型心態解說得非常清楚了。

　　3. 外部支持：能獲得家庭、朋友、教練或導師的情感支持。走一條沒人走過的路，建立這個支持系統非常重要，我在學教練時，建立了自己的學伴系統來支持我的學習；在寫這本書時，建立了一個回饋系統來支持我進步，這些都是重要的逆境復原力量。

　　4. 意義與目的感：「尋找生命意義」的理論認為，面對困難，尋找意義是重要的應對策略，而這在教練提問裡也經常被使用，我

們會問客戶：「這個目標對你的意義或重要性是什麼？」當客戶找到做此事的意義時，就不容易被挫折打倒，在逆境裡會更容易復原，而前面提到的內在動機的使命，更是較深層的意義，能讓我們更穩定，不會偏離方向。

好消息是：逆境復原力是「普通魔力」，它是人類本能中自然而然的適應力（Masten, 2001），是可以培養的能力，但需要適當的環境和策略來發揮作用。

如何培養逆境復原力

一、練習自我覺察

每個逆境都是自己的成長機會，關鍵在於如何在面對困難的當下，進入自我覺察與反思的過程。覺觀（Mindfulness）也是一個很重要的覺察方法，下一部中會詳細介紹。如果能養成覺觀與自我覺察的習慣，未來沒有過不去的關卡。

以我為例，出版本書的過程，我遇到的逆境是第一家接觸的出版社不願意出版這本書。當時確實被打擊到，但是我很快地反思自己的初心與出版這本書的意義時，覺察到自己感覺挫折的原因是認為「自己不被認可、自己不夠好」，但這其實不是事實，因為出版方有他的視角，我們只是觀點不同而已，我非常清楚自己出這本書的意義與價值，是希望帶給所有人難行能行的勇氣與方法，所以我

並不需要別人的認可，我是否認可自己的這個初心與價值，堅持地走下去，才是更重要的！

迅速調整自己後，我向出版社請教了他們拒絕的原因，原來這家出版社是以出版商業書籍為主，編輯擔心這本以「覺察」為核心的書籍無法找到賣點。我也向他們請教如何讓這本書能受商業人士青睞，編輯提供的建議是多一點企業案例。

因為這家出版社的建議，我開始多加了企業的案例，這本書本來就是為企業人士而寫，也很感激這家出版社提供他們專業上的看法，讓我能及時做一些調整。

這就是一個運用自我覺察來面對逆境的案例，這樣的覺察不是一天就可以做到的，它需要經常地練習。

二、訂下實踐策略

提升心理韌性的幾個關鍵元素，都可以訂出實踐的策略，當然找教練來協助及上相關的課程都會很有幫助。

達真針對專業教練的培訓裡，教練式領導、成長心態、自我覺察、自我接納、價值觀與使命，都與**逆境復原力的提升**有關，如何練習自我肯定、自我接納、自我欣賞，從固定思維轉化為成長思維，在達真都有非常清楚的實踐藍圖。

企業裡常常發現訓練課程是沒有效益的，原因是什麼？大部分是因為企業沒有設計一套實踐的系統，在達真，不管是教練認證的課程，或者是協助企業發展教練式領導的能力與文化，都會設計一套實踐系統，這個系統包含同儕教練（Peer Coaching）、課後驗

收、一對一教練。長期發展公司的接班人計畫，更要有其他的系統設計來支持員工的成長與發展。

個人的自我實踐比較簡單，個人面對逆境時，可以設定清楚的長短期目標，例如：我一直無法減重成功，這是一個逆境，於是我決定在三個月內設定減重 5 公斤（長期目標），則每週我可以設定減重 0.5 公斤（短期目標），找到自己減重的意義，例如健康或美麗，尋求家人的督促或朋友的協助（外部支持），讓你每天能運動 1 小時等，當逆境產生時，回到自我覺察，找到克服的方法，繼續前進！

三、建立彈性行為

彈性行為指的是面對挑戰時自己彈性解決問題的能力與行為，而非迴避困難的行為。這個行為與**成長心態**及建立**模糊容忍度**有關，下文會仔細探討。

模糊容忍度

前面提到研究指出，創業者或者是開創的人，對於模糊的容忍度是高的，模糊容忍度是指個人在面對不確定性、不完整或矛盾的資訊時，能夠保持開放、接受的態度（Budner, 1962）。在成為第一的過程中，模糊性常常來自於：

- 缺乏現成的榜樣或先例。

- 無法預測未來或結果。

研究發現：
- 低模糊容忍度的人傾向於快速做出結論，可能錯失創新機會（Kruglanski & Webster, 1996）。
- 高模糊容忍度與創造力、決策彈性及創新能力高度相關（Furnham & Ribchester, 1995）。
- 能夠容忍模糊的人往往有較高的心理彈性，能在不確定的情境中找到意義（Heine et al., 2006）。

逆境復原力的成長型思維，與模糊容忍度有一定的關聯，附錄2 有一個模糊容忍度的測驗，讀者可以自行測試一下，分數愈高，代表你對於模糊的容忍度愈低。這個測驗分成三部分做調查：創新、複雜性與不容性（包容性），有心想要挑戰自己的人，做完測驗後可以針對自己模糊容忍度的行為與觀點做調整，慢慢提升自己的模糊容忍度，讓心理彈性提升，具備更好的成長心態。

值得注意的是，這個測驗並未考慮使命與熱情對於成功的影響，例如我的分數是 58 分，大約是一個中等容忍模糊度（52％）的人，但是我在十幾年的教練生涯中，仍然能不斷地做領頭羊，主要是因為我的使命感與價值觀——勤奮與助人成長的影響。

提升模糊容忍度有哪些方法呢？

一、培養開放思維

接觸多元文化或新領域，經常帶著一顆好奇的心，挑戰自己的既有思維。我記得德國第一位女性總理梅克爾（Angela Merkel），

也是執政最久的總理，她在做重大決策時，經常會站在反對立場來問自己問題，這也帶給她強大的民意支援，所以可以在位十六年。

　　我有一位學生，是我很敬佩的女性領導人，她有非常高的覺察力，當我問她為何總是能夠提出一針見血的看法或提問時，她說她經常會問自己**反思的問題**：這件事情一定要這麼做嗎？如果不這麼做，有沒有其他的做法？她跟梅克爾一樣，都是理工出身的人，她們受的訓練講究實驗與證據，而要證明一個理論，通常都需提出正反兩面的數據來測試，這是培養開放思維很重要的方式。所以，當你很堅持某個想法時，請停下來，問問自己：「如果這個想法不是事實，那可能的其他想法是什麼？」讓自己保持開放，不只是培養模糊容忍度，對於領導團隊、發掘人才也有非常大的幫助。

二、接受不確定性

　　當我們面對大的挑戰時，將大目標切小，用小的測試來實驗，所有的小成功最後會累積起來，帶來全面的成功。小測試是讓我們接受不確定性的一個方法。另外，我也會使用一種**泡泡聚焦法**，將你面對的大挑戰，列出所有可控與不可控的因素，畫一個大泡泡，將所有的可控因素包裹在泡泡裡面，例如下圖的 A、B、C、D、E，再將不可控因素放在泡泡外面，例如下圖的 1、2、3、4、5。這時我們要練習專注在泡泡內的可控因素上，感覺你被這個泡泡包圍起來，這個泡泡讓你感覺很安全，你看著在泡泡裡 A～E 的可控因素，專注地與它們連接，你是可以控制這些因素的，當你感受到了這個連接與可控性，再把注意力放到泡泡外的不可控因素，只要

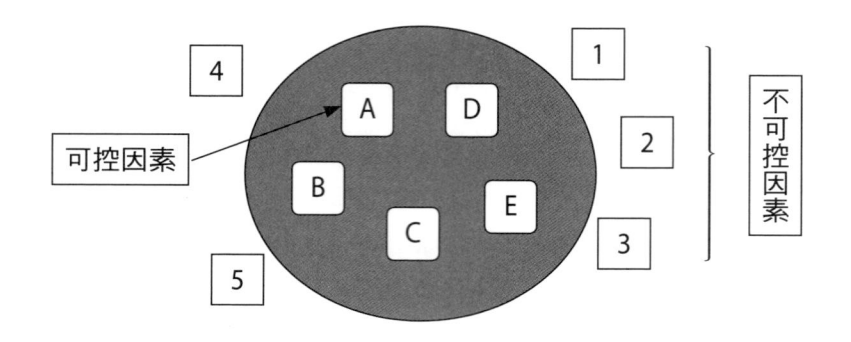

看著它們，讓它們知道你看見它們了，你也接納它們的存在。練習完畢，你可以從泡泡裡出來，重新面對問題，這時候你會發現，自己對不確定性的恐慌會完全消除，或者消除一大半。

以上兩種方式，都歡迎大家去實驗，長期練習，對於不確定性的接受度一定可以提高。

建立面對模糊的心態

練習面對模糊，我認為最重要的還是「**心態**」，如果內心很排斥不確定，那麼再多的技巧也沒有用。首先要建立的心態就是「世界充滿未知」，「我不知道是 ok 的」，「我不一定要有正確的答案」，「不確定性是決策的一部分」。

在 ICF 的 MCC 職能裡，有一條是向客戶承認「我不知道」這件事，這對身為專業教練是很難做到的一件事，因為我們通常認定，專業人士就必須要知道所有的答案。而 ICF 在 MCC 職能裡特

別提出「我不知道」這一條，其實是在提醒我們「我不知道」是正常的，我們不可能知道所有的答案，能向客戶承認自己不知道，其實是要擁有強大心智能力的教練才做得到，而我如果是客戶，會很敬重這樣的教練，因為他／她展現了勇氣與坦誠。

心態會決定我們學習與適應的能力，低模糊容忍度的人會急著找標準答案，害怕犯錯，而高模糊容忍度的人覺得未知是學習的機會，能耐心探索，接受錯誤，並從中學習。

如何培養模糊容忍度的心態

1. 練習說出「**我不知道**，但我願意探索」：當你覺察到自己在追求「正確」答案時，嘗試提醒自己：「很多事情沒有標準答案，探索本身就是學習」。

- 練習方式：在會議或討論時，勇敢說出「我不知道，但是我會去找答案」。

2. 接受「**不完美**」的決策：追求完美是很多高階主管的卡點與優點，請告訴自己沒有 100％ 正確的決策，重要的是我們如何在行動中快速地修正與學習。

- 練習方式：做決策時，允許自己有 70％ 的資訊就開始行動，剩下的邊走邊調整。記錄你的決策過程，思考有哪些可以改進的地方，而不是只關心結果對錯。

3. 訓練自己在模糊中保持**冷靜**：在模糊狀態時，情緒管理是重要的，我們很容易感覺焦慮與失控，而這些感覺是由於前面所談的觀點而來——我不能犯錯、我不能失控、我一定要有

答案、我必須要完美等，這些想法控制了我們的情緒，只要修改你的觀點，用新的觀點替代，自然就能在不確定中穩定自己。Dreck 在「成長心態」研究對孩子做的實驗，也發現有成長心態的孩子，當面對困難或高挑戰的任務時，他們的反應是感覺有趣，可以學習到新東西；而固定心態的孩子，則會說謊或找藉口逃跑。

如何練習冷靜呢？

- 練習方式：當覺察到焦慮時，先做深呼吸三次，讓氣息到達丹田（肚臍下 3 寸部位），做深而緩慢的呼吸，觀察自己的情緒與想法，覺察身體的感覺，持續深呼吸，等自己情緒穩定後，再做決定。

練習面對模糊的關鍵還是在心態，因為心態決定了我們如何看待未知、是否願意面對未知，建立「**模糊不是敵人而是機會**」的心態，當我們能接受不確定，就擁有更大的自由。

附錄 2 提供一個讓大家了解自己的模糊容忍度的測驗，取材自 https：//camdenhealth.org/wp-content/uploads/2023/03/rprnts.toleranceofambiguityscale.pdf，有興趣的讀者可以自行上網下載。

總結

　　這一部說明成為第一要面對的諸多挑戰，例如：時間、資源匱乏、心法／技法的熟悉與情緒管理，同時也提供了突破這些挑戰的方法，例如：找到內在動機（含熱情、使命），以及找到自己使命的方法。成為專家，刻意練習仍然很重要，而在過程中一定會有逆境，內文中也提供了培養逆境復原力的方法、與逆境復原力相關的模糊容忍度的測驗，以及改進模糊容忍度的方法。

　　第一部的內容較多學理，也許讀者會覺得太沉重，我在撰寫的過程中，發現其中一些學理其實對我的幫助是大的，例如模糊容忍度，我從來不知道自己能創業成功跟這個能力有關。我反思了一下，發現對於自己設定的目標，模糊的容忍度幾乎是 100%，我完全不會考慮中間可能碰到的阻礙就去做了，當然這樣也有缺點，前面提到學教練與申請 MCC 時碰到的挫折，就是我沒有考慮清楚直接去做所必須付出的代價。但是還好我的使命感是強的，也清楚知道自己為何而戰，碰到挫折我會面對它們、處理它們，在過程中不斷修改與前進。這是我的方式，讀者們要找到自己的難行能行的方法，讓自己向卓越邁進。

　　這裡提供的諸多方法，請你挑選自己想要克服與面對的部分，深入閱讀與實踐，其他部分跳過即可。以我為例，覺得目前最需要改進的是「培養開放思維」，我會運用書中提供的反思提問方法來進行練習。我期待的是能夠提供多一些角度與方法，讓不同的人都

可以在這本書裡滿足各自的成長需要，我相信每個人都能成為自己領域的第一，而突破自己的方法很多，你可以自行選擇與運用。

　　最後，節錄李白的詩〈行路難〉與大家共勉，我們要走一條沒人走過的卓越之路，道路一定是艱難的，李白提到黃河被冰塞住，太行山被雪封了，這麼多的困境，他雖然心茫然，但是仍然對未來充滿信心，想要破浪前行，不懼滄海！這就是心念與使命的力量，也是內在動機的力量。

> 金樽清酒斗十千，玉盤珍羞直萬錢。
> 停杯投箸不能食，拔劍四顧心茫然。
> 欲渡黃河冰塞川，將登太行雪滿山。
> 閒來垂釣碧溪上，忽復乘舟夢日邊。
> 行路難！行路難！多歧路，今安在？
> 長風破浪會有時，直掛雲帆濟滄海。

難行能行

總結

反思與行動

反思問題：

請寫下你對下列問題的回答：

1. 在你的職涯專業裡，是否設定了成為頂尖的目標？是或否的原因是什麼？
2. 成為你的行業的頂尖人物，會帶給你什麼意義與價值？
3. 在你的職涯專業裡，想要成為頂尖的挑戰是什麼？
4. 你如何克服上述的挑戰？
5. 你如何讓自己保持初心或熱情？
6. 請問自己：「我的生命的意義或目的是什麼？」、「我到底是誰？」
7. 在逆境復原力上所需要的四個關鍵因素，你最需要練習的是哪一個？
8. 在模糊容忍度上，你給自己打幾分？如何提升？

行動計畫：

1. 請完成 IKIGAI，並嘗試找出自己的使命。
2. 針對上面的反思提問，請挑出一個你最想要做的行動，找一位教練或夥伴督促你完成。

附錄二：模糊容忍度測驗

TOLERANCE OF AMBIGUITY SCALE
DEVELOPED BY BUDNER (1962)

請回答以下陳述並表明你同意或不同意的程度。在右側選出最能代表你對該項目評價的數字。SD＝完全不同意；MD＝有些不同意；D＝稍微不同意；N＝沒意見；A＝稍微同意；MA＝有些同意；SA＝完全同意。

	SD 完全不同意	MD 有些不同意	D 稍微不同意	N 沒意見	A 稍微同意	MA 有些同意	SA 完全同意
得分	1	2	3	4	5	6	7
1. 無法給出明確答案的專家，可能他知道的也不多。							
2. 我想住在國外一陣子。							
3. 沒有不能解決的問題。							
4. 總是遵照時間表生活的人，大概無法享受人生。							
5. 一件做得好的工作，是指要做什麼及如何做總是很清晰。							

6. 能嘗試一個複雜的問題比解決一個簡單的問題更有趣。							
7. 長期來看，無法從解決小而簡單的問題來完成更多，要完成大而複雜的問題。							
8. 通常有趣與刺激的人物，是那些不在意自己不同與真實的人。							
9. 我們總是偏好自己習慣的，而非不熟悉的。							
10. 對於總是堅持「對」或「錯」答案的人，他們應該不了解事情有多複雜。							
11. 一個生活平穩、規律、很少有驚奇或意外事件發生的人，確實有很多值得感恩的地方。							
12. 許多重大的決定都在沒有充分資訊下完成。							

難行能行

13.我喜歡參加那些認識多數人的聚會，而不是所有或多數人都是陌生人的聚會。							
14.老師給出不清楚的作業，其實是給學生一個機會展現主動性與獨創性。							
15.我們愈早獲得相似的價值觀和理想愈好。							
16.好的老師會讓你思考自己看待事物的方式。							
總分							

記分方式：

1. 偶數題請用相反的分數記分，例如：7分＝1分、6分＝2分、1分＝7分。

2. 將16題分數加總得到總分，愈低分表示你的模糊容忍度愈高。

注：本測驗分三大項目，創新（N）、複雜性（C）、不容性（I），請參考哪些題目與上面三大項目有關，可以自行判斷你在這三大項目下的分數。
N創新：2、9、11、13題。
C複雜性：4、5、6、7、8、10、14、15、16題。
I不容性：1、3、12題。

第二部

十年心路歷程——
自我覺察與成長

The first step towards change is awareness.

改變的第一步是覺察。

——納撒尼爾‧布蘭登（Nathaniel Branden）

（圖片來源：Reddit）

　　這十年取得 MCC 的過程，我最大的快樂來自於自我覺察的成長，2006 年到 2016 年間，隨著我自我覺察的進步，教練技術也不斷進步。從 2016 年取得 MCC 到現在，本以為我教練已經到頂了，自我覺察應該不會有更多的進步了，沒想到我仍然每年在進展，這要感謝我的師父——頂峰無無禪師，我在 2015 年認識他後，才真正找到生命的真諦與意義，他教導我到底要覺察什麼，以及什麼是當下最好的覺察方式，而這種覺察我稱它為「人的迷

代」。

迭代是敏捷開發（Agile Development）很喜歡使用的名詞，敏捷的系統運作是用每天／每週開會的方式，讓事情可以經過迭代（堆疊）的討論來產生快速的改進，以因應現在市場上變化莫測的需要。敏捷在軟體業，已經被證明是一個很好的團隊運作方式。

但是團隊的運作還是要靠人，如果人可以每天迭代、更新，那麼可想而知事情會進步得更快。為什麼沒有人來做「迭代人」系統的設計呢？其實它也不難，這還是要透過每天刻意練習覺察而產生。下面我來談談自己的覺察的故事，希望能引發讀者做到自己的迭代與進步。

ALICO 美國人壽

我在美國工作十年後回到臺灣，回來之後遇見最困難與壓力最大的工作，是在進入美國人壽（ALICO）做直效行銷部門的總監。ALICO 是一家專門做電話行銷與直效行銷的公司，公司的唯一業務就是直效行銷。那時的我，對於直效行銷一竅不通，公司也沒有提供相關的訓練，總經理跟我都是剛空降來的高階主管。總經理是第一次做總經理，而我也是第一次做總監。

我剛到任時，公司的電話行銷部門有 30 人，負責整個公司的業績，而這個部門已經有超過一年沒有業績，換了幾任總經理都無法把業績做起來。我跟當時的總經理，是母公司想要「死馬當活馬

醫」的一個策略，我後來才知道，如果業績做不起來，母公司就準備把 ALICO 收起來，撤資臺灣，我跟總經理其實是母公司的兩顆棋子而已。

我那時每天 8 點前就到辦公室，一直工作到晚上 7 點，週末也沒有休息。我到公司報到後第一件最重要的事情，就是與電話行銷主管溝通改變行銷方式的可能性，我在銷售上的經驗是面對面的銷售，也有完整的經驗，但是對於電話行銷完全不知道要如何處理。當時的電話行銷主管只對客戶做服務，完全不做推銷，公司給了一些訓練她也不使用。溝通幾次後，這位主管仍然不買單，最後沒有辦法，我只好請她走路，沒想到的是，這位主管竟然把整個行銷團隊都帶走了。

這時我的壓力非常大，才報到一個多月，公司就流失了三十多人，而且是業務主力，占員工人數的三分之二，我必須沉住氣應變，告訴自己這也許是好事，因為之前的主管是無法溝通與管理的，我也是第一次碰到這麼離譜的主管，她可以不管公司的目標，自己訂自己的目標與方法來帶領團隊。

於是，我開始登報重新找銷售主管，電話行銷當時在臺灣是一個新的銷售模式，只有 ALICO 在做，市場上有這樣能力或經驗的主管幾乎是零。我的運氣不錯，找到一位有些許經驗的電話行銷主管 Y，她很快就招募到足夠的人才，重新建立行銷團隊，很感謝她也願意嘗試 ALICO 提供的電話行銷方法，ALICO 的業績才開始做起來。

高壓下靜坐的幫助

　　那段水深火熱的日子，我是如何度過的？其實就是運用靜坐（Meditation）。我每天中午一定會靜坐，午休 50 分鐘的時間，我會關上房門，不接任何電話、不吃飯，先靜坐 30 分鐘，在靜坐時常常會有非常棒的想法跳出來；最重要的是，靜坐帶給我穩定與平靜，每天 30 分鐘或更少時間的靜坐，讓我能在忙亂中找到自己的方向，克服挫折，帶領團隊邁進。當時我面對的挑戰有：培訓新主管，調節主管間的衝突，設計業務獎勵制度，讓業務員有衝勁達標，跟總經理溝通我需要的協助與資源，而最大的壓力是讓公司轉虧為盈！管理 ALICO 實際的結果是什麼呢？我在每天靜坐的陪伴下，ALICO 一年內開始有業績，兩年讓公司轉虧為盈。

　　這個靜坐的習慣，在我任職 ALICO 之前就已經培養了，主要是我體會到它的好處，每次靜坐都讓我能回到自己的內在，感覺平靜與充實。在 ALICO 工作時我非常忙，上班時間連接電話的空檔都沒有，朋友或家人電話打來，我通常在 10 秒內結束，告訴他們：「我現在很忙，晚點回覆你。」在這麼忙碌的狀況下，我仍然堅持每天靜坐，這是一般人比較無法做到的。

　　當我跟達真的同學們談到靜坐的重要時，同學會告訴我很多無法執行的理由，例如：家人會吵、沒有適當的空間、沒時間等，但是我一直相信，只要你想要去做的事情，任何無法完成的原因都是藉口而已。而我們為何無法維持靜坐的習慣？主要是平常我們的專注力都在外面，很難把專注力放在自己的呼吸上，會覺得很無聊，

我也經歷過這樣的過程，如果真的無法自己完成，建議讀者去參加道場或內觀中心提供的免費靜坐活動，跟一群人一起練習，你會比較容易養成習慣，愛上靜坐。

　　現在回想起來，如果那個時候我讓工作帶著我跑，不給自己每天 30 分鐘靜坐，跟自己在一起，我在 ALICO 的績效應該無法做到。同事們那時都很佩服我，我每天工作十幾個小時，白天要管理公司的業績，晚上要參與志工會議，家裡還有兩個小孩要照顧，但是我從來沒有一天耽誤過工作、從不請假生病，也從不遲到早退。

　　這裡也提醒一下工作忙碌的你，愈忙，愈要留時間給自己，因為當你無法照顧好自己，其實工作、家庭也都無法照顧好，而靜坐是一個最簡單的照顧自己的方式。

　　現在接著要介紹什麼是自我覺察？它跟靜坐的關係是什麼？

難行能行

什麼是自我覺察

在做高階主管教練時，我運用的自我覺察理論是由組織心理學家塔莎‧歐里希（Tasha Eurich）發展出來的，她認為自我覺察有兩大部分：第一種是個人對自己的**內在自我覺察**（Internal Self-Awareness），是我們能多清楚地看到自己的價值觀、熱情、抱負、與周遭環境的契合程度、反應（包括想法、感覺、行為、長處和弱點），以及自己對他人的影響。第二種是**外在自我覺察**（External Self-Awareness），指的是了解其他人如何看待我們，包括在前述那些因素上對我們的看法。她認為，只有高外在自我覺察與高內在自我覺察的人，才能稱為是有覺察力的人。

我很喜歡這個理論的原因是：多年做高階主管教練，會發現女性高階主管多半很會自省，也就是說她們的內在自我覺察能力很高，但是卻常常忽視了外在自我覺察能力，造成過度看低自己。而男性高階主管通常相反，他們的自我反思能力較低，也常常忽視外在的自我覺察，變成高看了自己的領導力。

所以如果能完整地定義一下自我覺察，它是一種對當下經驗的清晰察覺，包含對自己內在狀態（想法、價值觀、情緒、身體感受、期待、渴望等）以及外在環境（人事物、互動、變化、影響）的敏銳觀察，是一種不帶評斷的狀態。

如何知道自己的覺察是否到位？我在高階主管教練最常應用的方法就是 360 度的回饋，把關鍵人對你的觀察，與你自己的觀察做核對，根據歐里希的調查，大約只有 10％的人會獲得比較一致性

結果，也就是內在與外在有一致的覺察。

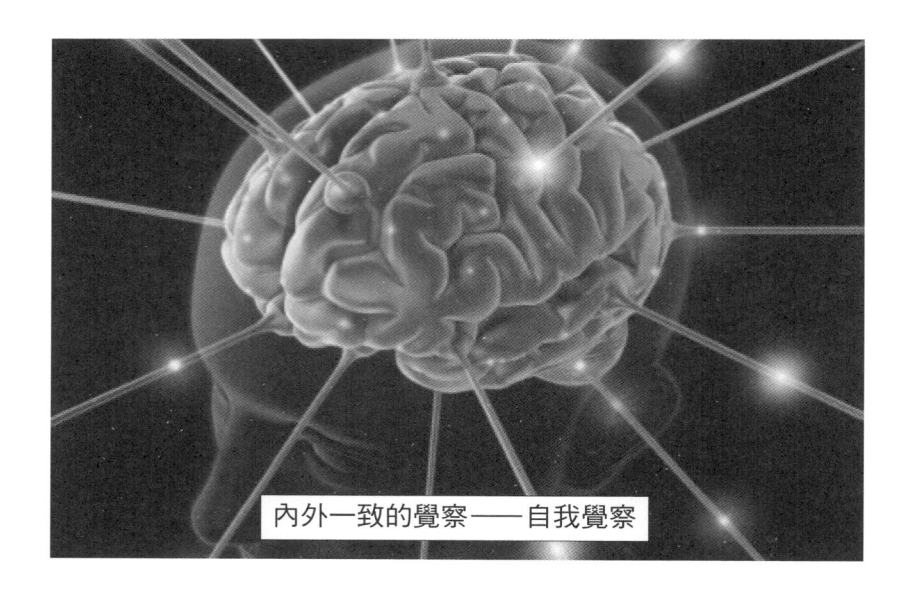

內外一致的覺察──自我覺察

ASCC 心法關鍵人教練

　　應用上面這個覺察理論，達真發展了一個高階主管教練模式叫作心法關鍵人教練（Awareness-Based Stakeholder Centered Coaching, ASCC）。SCC（Stakeholder Centered Coaching）關鍵人導向教練模式是馬歇爾・葛史密斯（Marshall Goldsmith）發展出來的行為學模式，它是一個以關鍵人回饋為中心的行為改進模組，我個人使用的經驗是：對於自律性很高的高階主管，SCC 模式很有效，因為它

強調的是透過關鍵人的回饋，自我修正與改進，雙刃進行，所以會有很高的績效。

但缺點是它太重視行為學與紀律，比較不重視內在覺察的重要性，所以當高階主管很忙碌的時候，主動要回饋（SCC 的關鍵行為）就會被犧牲掉；另外還有一個很大的文化差異，東方人愛面子，不喜歡跟人要回饋，而 SCC 模式非常強調領導人要能主動要回饋。不主動，再加上領導人沒有覺察，SCC 模式就不容易有立竿見影的效果。

達真的 ASCC 模式企圖將東方覺察加入 SCC，透過第一個月的自我覺察練習與訓練，再加上關鍵人的回饋，這個模式就有了靈魂，領導人的轉化也比較是從內而外，學習成長的效果比較深入與長久。

不管是達真國際教練學校的課程，或達真的企業服務，都強調自我覺察的重要，下面我們來談談自我覺察有哪些好處。

自我覺察的好處

為何要做自我覺察？沒有經歷過的人，不知道它的好處，這就好像在沙漠裡的人才會知道水的重要，讓我把它的一些好處介紹給大家。

一、增強自我理解

能更清楚看到自己的行為模式與情緒觸發點，改變原有慣性。
幫助我們發現隱藏的信念與內在驅動力，做自己的主人。

二、提升情緒管理

當覺察到自己的情緒時，較不容易被情緒牽著走，能做出更理性的選擇。
減少衝動反應，提高應對壓力與 EQ 的能力。

三、改善人際關係

當我們能更敏銳地察覺自己的情緒與行為，也就更能理解他人的感受。
減少無意識的投射與誤解，同理心會增加，可以與人建立更深層的連結。

四、提升專注力、創意與生產力

覺觀的訓練，讓我們可以專注在當下，不被雜念干擾，這時我們更有創造力與生產力，學習與記憶也都會改進，前面提到我每天 30 分鐘的靜坐，帶給我的就是上述好處。

五、減少壓力與焦慮

當我們對自己的念頭和情緒有更高的覺察時，較不容易陷入過度思考的循環。覺察幫助我們放下對未來的過度擔憂，活在當下，

正念減壓的研究已經證明，只要我們單純練習 8 週的覺察，壓力的降低與身心狀況的改善都是明顯的。

六、改善慢性疾病

覺觀對於慢性疼痛、高血壓、憂鬱症、睡眠障礙等都有改善的效果，而這些慢性疾病在現代有愈來愈盛行的趨勢，這些大部分跟壓力及我們無法處理壓力有關，而覺觀是一個非常簡單又有效的自我覺察方法。

七、促進個人成長與覺醒

覺察是通往內在自由的重要途徑，幫助我們超越過去的限制，活出更真實的自己。當我們能夠深刻理解自己的「小我」，就有機會觸及「大我」，甚至「無我」的狀態。

我的自我覺察經驗

我個人開始練習自我覺察是在早期讀佛經的時候，那時我才三十多歲，有機會接觸到靜坐與內觀中心，每天的練習讓我體會到靜坐帶來的幫助，但是自我覺察的應用，則是在 2006 年開始學習教練時。那時有一個畢業功課是要寫出論文，關於相反的行為表現的覺察，那是我第一次體會到覺察的力量，ICA 提供一些範例，例如 Responsibility vs. Blame（當責與指責），它讓我看到兩種行為的重

大影響，我們明明是有選擇的，但是在面對困難時，卻常常選擇指責而非當責，是什麼讓我們陷入指責而非當責？這讓我陷入深度反思。我已經不太記得自己的畢業論文後來選擇什麼主題，但是在教練裡，常常碰到「**反應與回應**」、「**主動與被動**」、「**失敗與回饋**」，這些都是很值得我們去反思的主題：

我們可以選擇的態度或方法是什麼？

為何我們不選擇主動，而選擇被動地處理事情？

為何我們在情緒狀態，一直是用直接回應的方式，而非高 EQ 的反應？

為何我們要把事情沒有做成當成是自己的失敗，而非一個回饋與學習？

拿到 ACC 後，我學習了薩提爾、哈科米（Hakomi）、神經語言學等心理學派，薩提爾讓我更清楚知道自己內在有很多需要探索，而小時候的經驗對我的影響非常大，如果不去探索它們，我就會一直被小時候的經驗影響。

薩提爾的家族治療模式，在我自己成長過程看到的影響是：我是一個軍人家庭的小孩，從小家中的孩子都是被父親打罵長大的，對於權威我有陰影，會在心裡反抗父親，但是我選擇不表達，因為我知道一旦表達就會挨一頓痛揍。這樣的經驗，帶給我成長後的影響是：在職場裡，我只要面對權威（例如老闆），且不認同權威的想法時，選擇的方式是不溝通，跟小時候的模式一模一樣。如果沒有學習薩提爾，我不會知道家庭經驗帶給我這麼深遠的影響。

哈科米是一個身體學派，如果沒有學習到這個學派，我不會知

道身體可以對話,可以增加我們的覺察,達真很多的體驗,都是經由這個學派的學習而研發出來的。神經語言學也是一個很能運用身體與非語言／語言方式的覺察學派,坊間有很多的訓練或書籍,可以學習這些學派的做法。

　　但是真正讓我找到覺察的目的是什麼?為什麼要覺察?還是透過我的師父頂峰無無禪師的教導。我在 2015 年認識他,是他讓我知道,所有的覺察只有一個目標,就是找到真正的自己,那個圓滿的、完整的、廣大無邊的自己,如果不朝向這個目標邁進,所有的覺察就像水中撈月、竹籠打水,空歡喜一場。

　　在沒有遇到師父之前學到的這些心理學覺察方法,我都覺得很有趣、很管用,但是從來沒想過靜坐的目的是什麼?薩提爾家族治療的目的是什麼?哈科米、神經語言學的目的是什麼?如果沒有找到真正的目標,就會像我一樣,靜坐了十幾年,但是仍然沒有找到真正的自己,仍然會動怒、會煩惱。如果你還沒有找到這個完整圓滿的自己,沒有關係,給自己時間,透過下面介紹的幾種方法,我相信只要你每天持續練習,一定會一天比一天更快樂、更自由!

覺察的方法之一：覺觀

覺察的方法很多，接下來會依序介紹三種在教練裡面常用的方式，第一種是覺觀（Mindfulness）練習，第二種是心法日記或心法教練，第三種是不二聆聽，它已經帶給我們四百多位學生很大的成長，我也很樂意在這裡分享給大家。

Mindfulness 在臺灣常被翻譯成「正念」，我個人很不喜歡這個翻譯，讓我們先看看卡巴金博士對於 Mindfulness 的定義，大家再來決定，你對於哪種翻譯比較有感：

Mindfulness is awareness that arises through paying attention, on purpose, in the present moment, non-judgmentally.

Mindfulness is used in the service of self-understanding and wisdom.

覺觀是一種透過專注、有意識的、在當下、不評斷而升起的覺察。

覺觀的目的是增加自我了解與智慧。

從上面這段英文，我無法把 Mindfulness 與正念連接在一起，反而是「覺觀」——覺察與觀照，比較符合 Mindfulness 的定義，Mindfulness 的不評斷要透過「觀照」比較容易做到，後面我們會介紹 Mindfulness 與觀照的關係，大家就比較理解為何我要翻譯成「覺觀」。Mindfulness 也有人翻譯成「靜觀」或「內觀」，我覺得這兩種翻譯都比「正念」好很多，請容許我後續都用「覺觀」來

討論卡巴金博士的方法。

　　到底覺觀要怎麼做到？這其實是東方很古老的方法，兩千五百年前佛陀就已經教導過，但是它在卡巴金博士用科學研究證明後，才真正在東西方大為流行。卡巴金博士是麻省理工學院的分子生物學博士，他在 1960 年開始學習禪修與瑜伽，1979 年在麻州大學醫學院設置了減壓診所，1995 年創立覺觀減壓中心，2000 年開始，他推動了整個歐美的覺觀運動，現在他創立的 8 週覺觀減壓計畫（Mindfulness-Based Stress Reduction Program）在全世界都有推廣中心，臺灣也有兩家，如果大家有興趣可以報名參加；這個課程我個人去上過，覺得對於養成覺觀的習慣、減輕自己身心的壓力，都很有幫助。

　　下面跟大家介紹的覺觀練習，跟卡巴金博士的不盡相同，但是目的都一樣，是讓我們增加自我了解，找到本自具足的慈悲與智慧的一個方法。卡巴金博士介紹的覺觀呼吸法只有一種，我把佛陀的兩種方法都分享給大家，讀者可以選擇適合自己的方法來練習，而且在家裡就能做到。這裡還是要提醒大家，任何的覺察方法都不可以一曝十寒，簡單的方法，如果不每天練習，它還是沒有效果的。

　　覺觀的入門法是靜坐，我在前面介紹 ALICO 的高壓工作，是靜坐救了我。靜坐有兩種呼吸法，一種是人中呼吸法，一種是數息法，都在教導我們透過呼吸專注於當下，覺察真正的自己。

人中呼吸法

　　這個呼吸法是我在內觀中心[1]學到的，它的呼吸關注點在人中，也就是鼻頭下與嘴唇上的位置，呼吸出入的地方。當你呼吸的時候，請把專注力放在這個位置，注意氣息的出入，覺察氣息的冷熱、長短、深淺，覺察氣息經過的部位。一開始練習時，可能無法把氣息帶入丹田（肚臍下 3 寸的地方），慢慢地，隨著你的呼吸愈來愈深，就可以做到。

　　為何要把注意力放在人中？我自己的體會是，對於初學靜坐的人，更清楚指出專注的目標比較有幫助。下面我來談談自己在內觀中心的經驗，我很推薦這個地方，認為我們一輩子應該都要去一次，體會一下什麼是覺觀？什麼是「無常」？什麼是「感受是假的」？什麼是觀察自己？

內觀中心

　　內觀中心提供的是十天的內觀營，在這十天裡，只有最後半天可以講話，其他時間都在觀察自己的呼吸，與其他同學連眼神交流

1 　內觀中心：https://tw.dhamma.org/zh-tw/。內觀中心是由印度人葛印卡老師所創辦的免費靜修中心，靠著去參與過的人捐款維持。內觀法是一個非常有效的自我覺察方法。

都不允許，內觀是要我們完全擯除外緣，讓我們把心收回來，觀察自己。

一進去內觀中心，就需要把手機交出來，連筆記也不允許，食物都是素食，咖啡與茶都不可以喝。這十天不只是完全跟自己在一起，很重要的是它在做一個身心的大掃除，如果沒有身體的清淨，我想內觀的效果應該也不會太好。

我記得自己第一天就很不習慣，我們睡在大通鋪裡，晚上睡覺時鼾聲此起彼落（據說男眾房間更嚴重），讓我睡得很不好。而整天都在打坐，也讓我覺得非常無聊。

內觀中心規定 4 點起床，大約 8 點左右就開始第一場靜坐，直到晚上 9 點。每次坐 1～1.5 小時，可以起來走動，但是走動的空間很小，僅限在內觀中心的院子裡面，走動約 15 分鐘左右又要回去靜坐。

每天中午與晚上 9 點，都有一個請法的時間，如果對於靜坐有任何疑問，可以去請教內觀的導師。每天晚上有葛印卡老師的開示，說明內觀的方法。我記得自己在第三天就想要離開，雖然我們不能說話，但是可以找裡面的事務長討論我們的問題。

我靜坐得很辛苦，除了無聊，還是無聊，不知道自己在這裡幹什麼。我找了一堆理由，說明自己一定要離開，事務長說必須要得到導師的允許才可以離開。於是我中午特別去找導師，導師告訴我根據他們的研究，第三天與第六天是最難熬的，只要堅持下去，就會有意想不到的收穫，他不讓我離開。當時我超級不爽，覺得他限制了我的人身自由。

後來事務長也跟我分享，她當初是剛開完刀後來內觀中心靜坐，她也堅持下來了。我是一個爭強好勝的人，看到事務長做得到，為何我不可以？於是我打消離開的念頭，嘗試再靜坐下去。到了內觀的第六天，我又想要離開了，正如導師所預測的，這次因為先有心理準備，我仍然堅持了下來。

　　內觀為何這麼難熬？主要是每天都坐著不動，這對於我們這些忙碌的上班族，習慣像八爪章魚一樣，每天處理很多事情，是一個非常大的挑戰，而我又是每天都要運動的人，坐著不動一整天，讓我覺得身體在累積肥肉，肌肉似乎慢慢死去，我的想法與習性嚴重影響我內觀的決心。還好導師很清楚大家得要經過這個歷程，現在回想起來，當初如果沒有他們的鼓勵與堅持，我對於內觀的學習與成長就不會發生。

痛不見了

　　真正讓我感受到內觀的效果，應該是在第八天左右，那天的規定是靜坐時不准移動身體，不管腳有多麻、身體有多痛，都不准動。那時盤腿的痛可不是一般的痛苦，各位想想，我已經靜坐八天了，本來肌肉就已經非常痠痛，平常還可以伸腿放鬆，這一天連動都不准。

　　我跟所有的同學們，其實在這天的體會最多。當我們觀察身體的痛時，竟然發現這些痛會移動，本來在 A 點，觀察它後會到 B、

C、D點,只要觀察它,就會造成痛的移動,最後甚至發現痛不見了,我體會到的是「無常」與「空」。「無常」指的是痛不是經常的,它會變化,這其實告訴我們痛不是真實的;「空」是指痛不見了。我也聽到有些同學觀察到體內細胞的分裂,看到量子化的自己,彩色的細胞在她眼前出現,痛更是完全不存在了。

這些體會如果沒有「不准移動」的指令,我們是無法經歷到的,我很推薦內觀中心跟這樣的體驗很有關係。平常我們參加其他的靜坐營,很難有這種無常與空的體驗。而能夠突破自己的身體極限,知道「身體不是我」,也是一個很重要的學習。

那次內觀中心的體驗,讓我永生難忘,我記得當時有很多年輕人參與,我問了一下,有些是全家來報名,有些人還來過兩次、三次、四次,大部分的人回去以後都有很大的改變,所以會帶動全家人來參與。如果你願意嘗試一下打破自己慣性的機會、挑戰自己的潛能、喚起自己的覺察,請上網去報名吧,內觀中心的報名大約要等三到六個月,並不容易報名成功,在這裡先祝你好運。

數息法

第二種呼吸方式叫作數息法,這個方法內觀中心是不容許的,介紹給大家是因為:我發現有些人是無法用觀察人中的方式來做覺觀,這種人大概都是平常習慣用腦、邏輯能力很強的人,佛陀對於這樣的人提供了另外一種觀呼吸的方式,就是「數息法」。

数息法是數出息不數入息，數 1 到 10 下，法鼓山是專門教導這個方法的，歡迎大家到法鼓山的網站參考。數息法的重點在：吸氣時不數，等到吐氣快要結束時，才數 1，接著吸氣，吐氣到快吐完時，數 2；依次類推，等數到 10，再恢復到 1。為何要到吐氣快結束時才數，主要還是希望注意力放在呼吸上，而不是數字上。

這個方法的好處是專注力會在呼吸與數字，對於邏輯腦的人比較容易進行，但是不管哪種方法，靜坐的目的還是觀察真正的自己，呼吸只是媒介而已，藉由觀察呼吸讓自己更能**專注在當下**，不被情緒、想法、未來等困擾，找到那個穩定與清明的自己。

身體姿勢

寺廟裡或內觀中心的靜坐，比較會強調姿勢，但是網路上或外面的課程，比較強調自由自在地坐著，這裡要特別提供一下我自己的經驗。姿勢的正確與否，對於靜坐的效果還是很有影響的，我自己嘗試過雙盤、單盤與散盤，發現在雙盤的姿勢下自己最能夠專注，身體比較能成一直線，身心也比較合一。下面會介紹三種姿勢的不同，讀者可以自行實驗，看看效果有何不同。

正確的靜坐姿勢有雙盤、單盤與散盤，其中以雙盤的效果最好，雙盤是指兩隻腳盤在一起，腳底朝天，下頁圖就是一個非常標準的雙盤姿勢，單盤指只盤一隻腳（左腳放右腿上，或右腳放左腿上皆可），而散盤就是不盤腿的坐法，把腿伸出去，不交叉。

（圖片來源：Freepik）

　　除了腳的雙盤，打手印也很重要，手印的打法是大拇指相扣，左上右下，輕鬆地打印。打坐時很重要的是身體要挺直地坐著，腦袋與脊椎要成一條直線，收下巴，舌頭輕抵住上顎，眼睛可以微微打開，避免自己睡著，但是如果專注力好的人，我建議是閉眼，比較不會被外界干擾。

　　打手印與舌頭抵上顎，目的都在讓我們的「氣」能在體內不斷循環，對於身體健康有很好的幫助。我們打坐前先把姿勢調整好，再閉上眼睛靜坐，雙盤很多人一開始無法做到，但是請你務必要嘗試，做不到雙盤，表示身體的柔軟度是弱的，如果身不柔軟，心如何柔軟？

我自己一開始也無法雙盤，從單盤開始靜坐，但是我一直抱持著要練習雙盤的決心，因為我知道那樣的盤坐對於自己的修練更有幫助，後來經過多次努力，終於練習成功。我也看過九十多歲的法師，在台上說法三小時，一直保持雙盤的姿勢，這樣的修行我是非常佩服的！記得我談到在 ALICO 每天中午的靜坐嗎？那時，我就是雙盤坐在椅子上，專注地呼吸，當時很多創意構想都在靜坐時發生，它不是我追求的，但是它會自然出現在我的腦海裡。

　　下面談談如何在靜坐時做身體掃描。靜坐的目的，比較是找到穩定、廣大無邊的自己，身體掃描則是在增加自己的覺察力，一旦對身體的覺察力提升了，身體疾病或情緒的控制就很容易達到。為何要教導靜坐與身體掃描兩種不同的方法？我個人是從學習靜坐開始，坐了很多年，才有機緣到內觀中心學習身體掃描。靜坐帶給我穩定、平靜，讓我不容易被壓力擊倒，同時也帶給我創意與學習力的提升，但是比較沒有帶給我覺察力的提升，因為靜坐時都在關注自己的呼吸，進入一個與自己內在合而為一的狀態。

身體掃描

　　身體掃描（Body Scan）如何提升自己的覺察力呢？因為身體掃描是在對身體的每個部位進行感受的覺察，從左腳大拇指到全身。我剛開始學習時，完全不知道身體掃描與靜坐的不同，也沒有去感覺每個身體部位，直到遇見身體覺察能力很強的 M，我才知

道自己的身體掃描完全沒有掌握到要領。M 是一位高階領導人，她的身體敏銳度很高，能夠一分鐘完成全身的身體掃描，當然這是長期練習後的結果，當下屬來到她的辦公室門口，她可以立即運用身體掃描而覺察到對方的需要。如果身體掃描能帶給你這樣的效果，你是否想要好好地正確練習呢？下面讓我來介紹一下身體掃描的方法。

內觀中心在我們學會呼吸靜坐法後，才開始教導身體掃描。身體掃描要從左腳大拇指開始，而很多網路上的錄音常常從頭部開始。我想要跟大家說明的是：從左腳大拇指開始是有原因的。研究告訴我們，左腳大拇指是距離大腦最遠的部位，左腳跟右腦有關，先啟動右腦的感受，從最遠的部位開始，再慢慢往上進行掃描，對於啟動自己的覺察很有幫助。身體掃描很重要的是覺察，我一開始學習時並不知道這個訣竅，以為只要掃過身體即可，所以覺察的進展很慢。

當我們把呼吸帶到左腳大拇指時，要開始覺察大拇指的感受，一開始，你可能覺得自己沒有感受，或者不知道感受是什麼。千萬不要相信自己「沒有感受」，其實我們只是沒有「習慣」去感受。如果真的覺得自己沒有感受，那麼不妨動動大拇指，這時，你感覺到了什麼？觸覺（接觸地面、襪子、鞋子）的感受，感覺大拇指的溫度（熱、冷、涼快）、疼痛感、緊繃／放鬆感、麻木感、癢感等，這些都是感受。

大拇指覺察完感受，接著要感覺其他四個指頭，慢慢感受腳背、腳底、腳踝，依次往上，進入小腿、膝蓋、大腿，到臀部；接

著換右腳大拇指，由下往上到臀部，臀部掃描完，則會進入後背、前胸與雙手的掃描；接著到肩膀、脖子、臉部、頭部。身體掃描的速度不可快，因為我們要訓練自己對每個部位的感受與覺察，YouTube 上教身體掃描的很多，大部分都在 30 分鐘內，這樣的速度對於想要練習覺察的人不適合，但是對於只想要放鬆的人確實可行。我建議大家可以聽卡巴金博士 YouTube 的錄音，全程 45 分鐘是英文的引導，或者來達真上課，全程 48 分鐘，中文引導。

　　一開始學習身體掃描，聽錄音檔的引導會比較有幫助，當你熟悉後，建議放下錄音檔，自己進行掃描，這樣日後無論你在哪裡都可以進行，坐捷運、走路、運動、吃飯，每天進行掃描，就會讓你的覺察力很快地提升。練習掃描後，我發現自己對身體的敏銳度提升了，以前跑步不會注意到膝蓋的不舒服，現在知道膝蓋有壓力，就會停止太劇烈的運動，感冒前的症狀也會很容易覺察到，讓我可以立即做一些調整，避免自己感冒。

　　身體掃描對我最大的幫助是在對身體能量的覺察，我很容易覺察到客戶身體能量的變化，也容易覺察自己的身體能量，當我發現自己身體能量下降時，會立即做運動、靜坐、多休息、去山上／海邊等，讓自己恢復；對家人，我也會提醒他們我看到的能量變化，讓家人也注意自己身體的健康。

　　身體掃描雖然以培養覺察力為目的，但是它對於有睡眠問題的人卻非常有療效，身體掃描讓我們放鬆，它能改善壓力與身體緊繃的狀態，達真同學在練習身體掃描時，常常在聽完左腳的掃描引導就進入睡眠狀態，同學如果有睡眠問題很快就會解決。當然，長期

這樣的練習狀態並不合適,如果每次聽錄音檔都會睡著,我會建議你找白天時間來練習身體掃描,而且不要躺著練習。下面附上靜坐與身體掃描的比較表,希望對於大家的理解有幫助。

身體掃描與靜坐的區別

	身體掃描（Body Scan）	靜坐（Meditation）
定義	透過引導注意力逐步掃描全身,觀察身體的感覺	透過專注於呼吸來訓練心智
目的	訓練身體的覺察力,提升對身體訊號的敏感度	訓練專注力,穩定心智,提升當下專注與內在平靜
專注點	身體的感覺（壓力、緊繃、溫度、痛感等）	呼吸、觀察、當下經驗
形式	常為躺著或坐著,逐步掃描全身感受	坐姿較常見
適合對象	想提升對身體感受的敏感度、理解身體訊號的人	想訓練專注力、穩定情緒、培養內在平靜的人

呼吸心法

靜坐還是要有心法的概念,卡巴金博士提到八個呼吸的心法,我在這裡簡化成達真的五心法——好奇、欣賞、專注、平等、無我。覺觀呼吸,很重要的是配合心法一起練習,下面我會說明這些心法。

好奇

請帶著嬰兒般的好奇心來觀察你的呼吸，好奇它的起伏，好奇它流經的部位，好奇它的感受，不評斷，任何念頭來的時候，請你只要好奇地觀察這個念頭，再把注意力放回呼吸。好奇是一種放鬆與不評斷的狀態。

欣賞

欣賞的第一步是「接納」。在觀察呼吸時，大部分人一開始很難專注，於是對自己有很多批判，靜坐很重要的是不批判，看見自己念頭來，觀察一下這些念頭，再把注意力放回呼吸，接納自己目前的狀態。身體疼痛，也請觀察與接納這些疼痛，從接納、不評斷開始，下一步是給自己一個欣賞的訊息，每一個氣息都可以帶給自己欣賞，欣賞這個能呼吸的自己，欣賞每個氣息的流動，欣賞氣息帶來的能量，欣賞自己能夠穩定地坐著，欣賞自己能思考、能感受，不管靜坐時間多長，都值得給自己一個欣賞。順著你的呼吸，帶進這個欣賞，欣賞就是這樣的自己。

專注

注意力永遠都在呼吸上，專注在人中，當任何感受、想法產生時，只要看著它，接著再把注意力拉回呼吸，這個專注是有意識的、在當下的專注，但也是放鬆的。如果你感受到自己有緊繃感、目標感，那麼這不是靜坐追求的，請你放鬆自己，專注而放鬆地回到呼吸。

平等

平等是指平等地看待每個呼吸、每個念頭、每個感受,當專注從呼吸跑開到感受、念頭或外在的聲音時,要用平等心來看待所有的干擾,不分別,所有的感受、想法、呼吸,甚至外在的聲音都是你的一部分,這樣的你是廣大無邊的,感受這樣的自己。

無我

無我指的是把所有執著都放下,在靜坐時,我們很可能執著於我一定要坐滿1小時、我一定要有像老師一樣的境界、我一定要感受到穩定、我一定要放鬆、我一定要能專注、我一定要找到自己是誰等等,所有的執著都要放掉,靜坐就是在當下,跟自己在一起,不斷地覺觀。所有的境界也不可執著,有些人會身體搖動,有些人會感受到光亮,有些人會身體不見了,這些境界都不可執著,也不要追求,《金剛經》談的「凡所有相,皆是虛妄」就是這個意思。當我們真的進入無我、空的狀態時,會感受到身體的界限消失了,你跟萬事萬物是一起的,身體的你不是你。

以上談到的這五個心法,在靜坐時請盡量做到,好奇與欣賞自己,專注在呼吸上,平等地對待所有發生的一切,不執著於任何感受、想法或境界。當我們帶著這五個心法來靜坐時,覺觀的效果才會產生。

覺察的方法之二：心法日記
——自我教練

　　現在要介紹第二種覺觀的方法——心法日記，這是一個自我教練的方法，也是把覺察應用在工作與生活中的方法，達真的學員們都會寫 28 天的心法日記，而認真寫的同學，都會發現心法日記帶給他們更快樂與自由的人生。

　　ACC 的認證課程裡，我們會請學員寫好奇、欣賞、專注的心法；到 PCC 認證班，則會邀請學員加寫無我的心法；MCC 認證則會加強平等與無我的心法。在這裡我會把每個心法分開來介紹，讀者可以依照好奇、欣賞、專注、平等、無我的順序來寫，也可以自己挑選想要的順序來寫，但是初學者仍然建議先從好奇開始，好奇的難度比較低，也是心法最基礎的練習，欣賞的難度已經有 5 分（10 分滿分），而專注的難度大約有 6～7 分，平等與無我的難度大概就到 10 分了。唯一的要求是，每個心法至少要持續寫 21 天，28 天的效果會更好。

　　心法日記還有一個先修，就是身體覺察，如果前面談到的身體掃描沒有完整練習至少 21 天，心法日記就無法達到效果，因為心法日記會從事件寫對自己的覺察，包含身體與情緒的覺察，而身體掃描練習足夠，才會讓我們產生身體與情緒上的覺察。下面依序介紹每個心法。

心法日記 1：好奇

心法日記裡，好奇的定義是：想要探索、知道與了解自己的內在狀態，以增加自己的學習；而好奇的目的是學習，如果好奇完沒有學習，這個心法就沒有太大的效果。

在教練領域中，教練對客戶的好奇是一種開放、無評判地探索對方世界的心態。這種好奇不是為了滿足個人興趣，而是深度關注對方的內在經驗、動機、價值觀與可能性，幫助對方看見新的視角，進而促進成長與改變。好奇是教練非常重要與最基礎的心法，而達真的心法強調的是先自覺，之後才能覺他，所以我們會先從好奇自己開始。

達真的好奇心法有五個層次的練習：

1. 能探索自己面對人事物時的行為、心態、情緒及想法，找到學習。
2. 當與他人接觸或溝通有情緒時，能探索自己的內在，找到自己的行為模式。
3. 當與他人接觸或溝通有情緒時，能在當下觀察自己的行為、身體感受與情緒，探索自己的溝通模式、僵化的觀點、信念、期待、渴望，以及自己是誰（Being）等。
4. 每次教練完成，能探索自己的內在冰山，含溝通模式、情緒、身體覺察、僵化的觀點、信念、期待、渴望、Being，與自己連接，產生學習。
5. 每次教練完成，能探索客戶的內在冰山，了解客戶的模

式、感受、限制的信念與想法,以及客戶的渴望與期待,向客戶學習。

達真培訓的 ACC,只需要練習到第一個層次的覺察,PCC 則需要練習到第三個層次的覺察,MCC 需要完成五個層次的覺察。

好奇的重要性

好奇心是教練的核心能力之一,因為它能夠創造開放的對話,促進自己與客戶的自我覺察與突破。以下是幾個關鍵的影響:

1. 啟發更深入的自我探索

很多人對自己的信念、行為模式和內在驅動力並不完全清楚,而好奇心能引導他們發掘自己內在的資源。例如:

當我們或客戶認為:「我覺得自己沒有選擇。」

我們可以問自己／客戶:「如果有選擇,會有哪些可能?」

這類問題能讓我們與客戶跳脫自我設限,發現新的可能性。

2. 創造安全、開放的對話空間

當教練展現真正的好奇心,客戶會感受到被理解與尊重,從而更願意打開自己,進入更深層的對話。例如:

「你提到這個選擇讓你感到猶豫,能多說一些讓你猶豫的部分嗎?」

這種提問方式讓客戶知道他們的內在掙扎是被重視的,並促使他們進一步覺察自己的內在矛盾。

3. 幫助自己與客戶突破固有思維與盲點

很多時候，人們受到習慣性思維模式的影響，無法看見其他可能性。例如：

當客戶說：「我總是失敗。」

教練可以好奇地問：「『總是』指的是哪些具體情境？有沒有例外？」

這樣的提問能讓客戶重新檢視自己的信念，發現其實並非所有情境都是失敗的，進而改變對自己的看法。而這樣的提問也適用於自我好奇。

4. 增強自己與客戶的學習與成長

好奇有助於從經驗中學習，而不只是停留在情緒反應。例如：

「回顧這次挑戰，你對於自己有哪些新的認識與學習？」

這類問題能讓我們意識到自己的成長，而不只是專注於過去的挫折。

5. 促進行動與改變

人們往往因為害怕失敗或對未來不確定而停滯不前，而好奇能幫助我們探索行動的可能性。例如：

「如果你今天勇敢踏出第一步，那會是什麼？」

這種提問方式能激發我們從思考轉向行動，產生實際的改變。

寫心法日記時，教練的自我教練提問如下：

針對這個事件，我的行為是什麼？

這個事件帶給我的感受與身體覺察是什麼？

這個事件，我的感受背後的想法／價值觀或信念是什麼？

好奇完自己，我們會好奇對方，接著寫下自己的學習。

心法日記範例

下面是心法日記——好奇的範例，斜體部分是剛學習寫心法日記的人，針對上方提問所寫下的內容。

日期	事件	對下屬一直無法把我交代的事情聽進去與做改進，覺得很不滿。
8月26日		好奇
	自己的行為	回饋對方。
	自己的感受／身體覺察	生氣，身體緊繃。
	自己的想法／價值觀／信念	說兩次就應該要改進了，更何況我說了N次，我在意效率與學習成長。
	好奇對方的想法／感受／價值觀	她的想法可能是這件事不重要，她有更重要的事情，老是被我要求應該也很不爽，她在意的價值觀可能是獨立自主。
	對自己／對事件的學習	對自己：我似乎是一個沒有耐心的人，而且我很重視效率／對事件：同一件事用同樣的方法無法改進，就要換方法了。
	我的行動	1.告知對方我在意的價值觀，同時核對對方的想法、價值觀與感受。 2.我要鍛鍊自己的耐心，覺察為何效率對我這麼重要？

好奇自己的目的既然是學習，就不要對自己評斷，看見自己生氣的原因，背後的想法是什麼？可能的價值觀或信念是什麼？了解自己在意的原因，就有機會學習與改進。

　　心法日記裡面，好奇對方也非常重要，如果對對方沒有好奇，就關閉了溝通的大門，教練的假設是每個人行為背後都有一個良善的意圖，例如：案例裡這位下屬，她的良善意圖可能是她有更重要的事情要去做，所以我交代的事情她沒有行動。

　　所有的心法都從對自己、對他人及對事情的覺察與學習的三個面向著手，你可以從圖3的圖解多一些了解，這個理論來自於薩提爾一致性溝通的原理，當我們能了解自己，同理他人，以及完成共同的目標，這就是對自己的一致，如果每個人都以「一致」為目標，則生活與工作都會更快樂。

　　心法寫的深度，會隨著自己覺察的深度而加深，上面的範例只寫到想法／價值觀／情緒與身體的覺察，但是從前面談到的好奇的層次或下面圖3圖解，讀者可以了解，我們可以進一步覺察自己的期待、渴望、慣性、模式與自我認知等。為何要更深一層的覺察？因為更深的探索讓我們更了解自己，而能夠更翻轉自己，例如上面的範例，如果做更深層的探索，我會發現自己的溝通模式都是指責型，這種方式會帶給對方壓力，也會想要逃避，反而無法達到溝通的效果。

　　我繼續好奇自己指責模式的原因，就會發現與小時候被父親打罵長大的經驗有關，父親從不聽我們的理由，都是先打再說，是非常標準的指責模式的溝通，我在潛意識裡也無意識地反映了這樣的

溝通模式。指責人的深層需要還是被認可,所以我其實真正需要改變的是自我認可。

好奇帶給我們一個輕鬆的探索過程,帶著嬰兒般的眼睛,讓我們多好奇一下自己與他人吧!

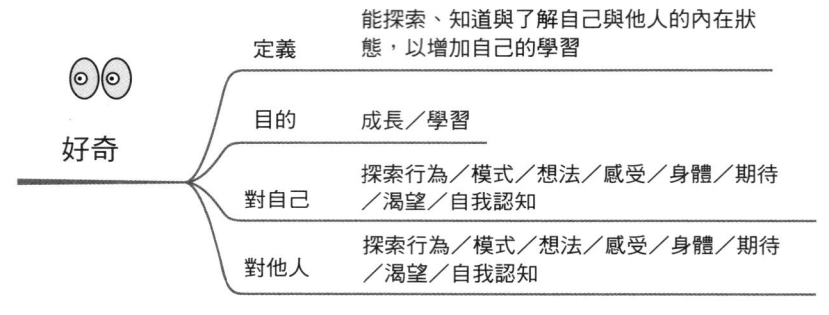

好奇
- 定義:能探索、知道與了解自己與他人的內在狀態,以增加自己的學習
- 目的:成長/學習
- 對自己:探索行為/模式/想法/感受/身體/期待/渴望/自我認知
- 對他人:探索行為/模式/想法/感受/身體/期待/渴望/自我認知

圖 3:好奇心法圖解

心法日記 2:欣賞

欣賞的定義是:能覺察自己的特質,在工作與生活中創造此特質的價值。

欣賞的目的是:共創價值。

自我教練的提問如下:

在這個事件裡,我欣賞自己什麼特質?

這個特質帶給我身體什麼感受?我的情緒是什麼?

我能用這個特質創造什麼價值?

欣賞完自己的特質與價值,就要練習欣賞他人的特質與價值,接著一起來共創價值。

欣賞也有五個層次的覺察:

1. 能覺察自己的特質,感受此特質帶來的身體感覺與情緒。
2. 能將自己的特質運用在工作或生活中,創造出價值。
3. 能在情緒事件中看到與接納自己的特質,並覺察此特質的感受與身體反應。
4. 能在困難的對話中與客戶連接,看到並且接納對方的特質及價值。
5. 能與客戶共創彼此的特質與價值。

欣賞的重要性

欣賞要做到覺察自己的特質,為何要覺察自己的特質、欣賞自己,並運用這些特質來創造價值?它的重要性到底是什麼?不管來學習教練的學生或是企業員工,我們發現很少比例的人是真正能做到欣賞自己的,而不欣賞自己的影響是什麼?

1. 比較沒有自信。
2. 無法發揮影響力。
3. 比較會批判他人,造成人際關係的不和諧。

我的父親因為是長子,從小被嚴格管教,他很聰明、學習能力很強,但是他從來沒有發揮這些特質來創造價值,如果他能夠運用學習力強的特質來影響我們這些小孩,那麼我們家的孩子就會像他一樣,十八般武藝樣樣精通。由於父親沒有欣賞自己這樣的特質,

造成他在孩子眼中就是一位脾氣暴躁、一天到晚打罵的父親。

如果無法覺察自己的特質，再從這些特質去創造它們該有的價值，那麼也就比較不容易做到觀察他人的特質，與讓他人發揮價值。特質既然如此重要，下面將詳細介紹特質到底是什麼。

特質的定義

特質的定義到底是什麼？我們達真的同學通常很難在一開始學習教練時，就有這個認知與覺察。特質（Character Traits）是指一個人相對穩定的行為模式、思考方式、情感反應及個性特徵。特質可以是來自天生的氣質，也會隨著經驗、環境和學習而發展。它們影響我們如何與世界互動，例如是否樂觀、細心、果斷、勇敢或富有同理心，這些都是特質的形容詞。

特質可以分為：

1. 性格特質（Personality Traits）：如內向、外向、謹慎、開放等。
2. 道德特質（Moral Traits）：如誠實、善良、公正、責任感等。
3. 能力特質（Capability Traits）：如創造力、分析能力、適應力等。

尋找特質的方法

如果要了解自己的特質，可以由幾個方向著手：

1. 自我覺察

幾個提問來協助你覺察：

- 面對人的時候，你在意的是什麼？行為模式是什麼？帶給別人的感受是什麼？
- 面對事情的時候，你在意的是什麼？你展現的行為是什麼？
- 面對事情，你擅長的是什麼？你的思考模式是什麼？
- 面對社交場合，你比較常表現的狀態是什麼？行為是什麼？
- 如果用三個形容詞來形容你的個性特徵，會是哪三個？
- 你的朋友或家人或同事會用哪些形容詞來形容你？

2. 他人回饋

親近的人通常比我們還了解自己的特質，可以邀請他們回饋，請他們形容你是怎麼樣的一個人，你可能會有非常訝異的發現。

3. 心理測驗

使用科學化的測驗來輔助，例如：

- **大五人格測驗（Big Five Personality Test）**

這個測試存在很久了，也廣泛為人使用，可以測試你的開放性、嚴謹性、外向性、親和性與情緒穩定度，每個項目都有五個細項，來協助你更了解自己的特質，例如：焦慮、自信、想像力、利他、責任感等，網路上都可以免費使用。

- **VIA 品格優勢測驗（VIA Character Strengths Test）**

在〈緒論〉裡已經介紹過，這裡不再贅述，發掘你的 24 種核

心優勢，如勇氣、團隊、領導力等，這些都是自己的特質。

4. 透過教練對話來探索

找專業的教練，透過提問與引導，讓你深入發掘自己的特質。

特質的重要性

發現自己的特質不只是為了「了解自己」，更能幫助我們在人生各個面向做出符合本質的選擇，發揮優勢，提升自信，增進人際關係，讓成長更有方向，並活出真正的自己。當我們活出符合自己特質的生活，就能感受到更深層次的滿足與內在平靜。

以下是為何要找到自己特質的關鍵原因：

1. 幫助找到適合的方向與角色

當我們了解自己的特質，就能選擇適合自己的工作、生活方式和人際關係。例如：

- 如果你的特質是創新、靈活、喜歡挑戰，你可能適合創業或需要高度創造力的工作。
- 如果你是細心、穩定、有條理，你可能會在專案管理或財務相關領域發揮得更好。

當我們的職業、生活方式與特質匹配時，會感覺更輕鬆順暢，而不是不斷地與自己對抗。

2. 發揮優勢，提高自我效能

特質決定了核心優勢，當我們知道自己擅長什麼，就能：

- 在工作中發揮優勢，提高效率和影響力。
- 在團隊合作中找到適合自己的定位，發揮最大的貢獻。
- 減少因不擅長的事情而感到挫折，讓發展變得更自然。

例如：

- 善於溝通的人可以成為出色的談判專家或領導者。
- 具有高同理心的人適合在心理諮商、教練、社會服務等領域發展。

當我們利用天生的特質，而不是強迫自己成為別人，會更容易體驗「心流」（Flow）狀態，讓學習與成長變得更順利。

3. 增強自信與自我接納

許多人在追求成功時，容易陷入「比較陷阱」，覺得自己不夠好，或者試圖成為別人期待的樣子。但當我們清楚自己的特質，知道哪些是自己的獨特優勢，就不再需要刻意迎合別人，而是：

- 欣賞自己的長處，不因他人的標準而貶低自己。
- 接受自己的限制，明白每個人的特質不同，不需要勉強自己做不適合的事情。
- 建立穩固的自信，因為我們知道自己「本來就很有價值」。

這種內在的穩定感能讓我們在人際關係、職場，甚至生活決策上更加堅定。

4. 提升人際關係與領導力

　　了解自己的特質，不僅能提升對自己的認識，還能幫助我們理解和接納別人。例如：

- 如果你是直接果斷的人，當你知道自己傾向講重點，可能需要學習在與較敏感的人交流時多些緩衝與同理心。
- 如果你是高敏感型人格，了解自己對環境變化敏感，就能更有意識地調整自己的狀態，而不讓別人影響你的情緒，同時也可以運用高敏感來判斷人的選擇與事情的方向。

對於領導者而言，認識自己的特質可以：

- 有助發展符合自己風格的領導方式，而不是盲目模仿別人。
- 了解團隊成員的特質，讓團隊合作更加順暢，發揮每個人的優勢。

5. 幫助做出更好的決策

　　當我們不了解自己的特質時，可能會因為外在壓力或社會期待而做出與自己本質不符的選擇。例如：

- 內向的人如果強迫自己進入需要大量社交的行業，可能會感到壓力和疲憊。
- 喜歡穩定的人如果選擇了高度變動的工作，可能會感到焦慮不安。

　　但當我們清楚自己的特質時，就能更有意識地選擇適合自己的道路，減少後悔與迷茫。

難行能行

6. 讓個人成長更有方向

個人成長不只是學習新技能,更重要的是發揮自己的潛能。如果不了解自己的特質,可能會在錯誤的方向上努力,最終感到疲憊。但當我們知道自己的特質,就能:

- 選擇適合的學習方式,讓成長變得更有效率。
- 設計適合自己的目標,而不是盲目追隨潮流或他人的期待。
- 突破自己的限制,有意識地培養補足自己特質的能力。

例如:

- 如果你是創新型特質,可以學習如何更有效地落實自己的想法,而不只是產生靈感。
- 如果你是務實型特質,可以嘗試培養創意思維,讓自己更有彈性。

以上的介紹是讓大家了解特質的重要性,你準備好了嗎?是否願意多發掘自己的特質了?心法日記的欣賞篇是採用教練對話的方式,讓我們探索自己的特質,並且發揮這些特質的價值。

我運用了前面同樣的案例,來寫出欣賞的自我教練,在達真,我們會用一個事件請學生寫完好奇、欣賞與專注,在這裡讀者可以自行決定,因為各位的身分不是教練,不見得需要在一個事件裡把三個心法都寫完整。

單獨寫的好處是比較容易快速完成,壞處是可能無法看到更多面向的自己與他人,所以請各位自行選擇最適合自己的方法吧!

心法日記範例

日期 \ 事件	對下屬一直無法把我交代的事情聽進去與做改進,覺得很不滿。	
8月26日	欣賞	
	事件裡自己的特質	堅持。
	此特質的感受與身體覺察	身體有力量,頭發熱,胸口熱,心跳快,感覺緊繃。
	此特質帶給他人或團隊的價值	堅持做對的事情,可以帶給團隊進步,帶給他人成長,但是必須他人也認同這個特質的價值。
	事件裡的對方的特質與價值	自主性高,價值在獨立作業。
	我們可以共創什麼價值?	要有耐心地溝通自己的效率與學習的價值觀,肯定對方的特質與價值,邀請對方共創成長的機會。
	我的行動	肯定對方的特質與價值,邀請一起共創成長。

　　欣賞心法,對於任何人都很重要,我們華人(尤其是女性)很難欣賞自己,比較擅長找自己碴,當我們自己都不喜歡自己的時候,如何發揮自己的價值?請每天都要找到欣賞自己的一個特點,感受這個特質,例如:

　　今天是例假日,但是我依然照常工作,我可以欣賞自己什麼?

　　今天我去關心了學員找職涯教練的需要,幫他找資源來詢問,我可以欣賞自己什麼?

只要你能努力地觀察自己,自然就會找到自己的特質來欣賞,每天讓自己活在這個欣賞的活水裡,浸潤在裡面,思考這些特質能發生什麼價值。例如:我的特質是勤奮,可以發揮的價值就是使命必達,讓同事可以交付任務給我,完成團隊的目標;而我的同理心特質,可以協助同事們在遇到困難時,感受到我支持的力量。

有人也許會好奇,一直自我感覺良好,會不會有反效果?如果我們專注在覺察自己的特質,同時讓這個特質發揮它的價值,對周圍的人產生貢獻,那麼這種自我感覺良好的事情就不容易發生。如果很不幸,你真的碰到一位自我感覺良好的老闆或同事,我想要邀請你先放下偏見或替對方貼標籤的行為,好奇地觀察這位同事,他／她的特質到底是什麼?請告訴他你的觀察,並鼓勵他發揮這個特質的價值。

當我們發揮特質的價值,會讓周圍的人感覺到你的正能量,更願意靠近你,你也更能發揮自己的影響力。

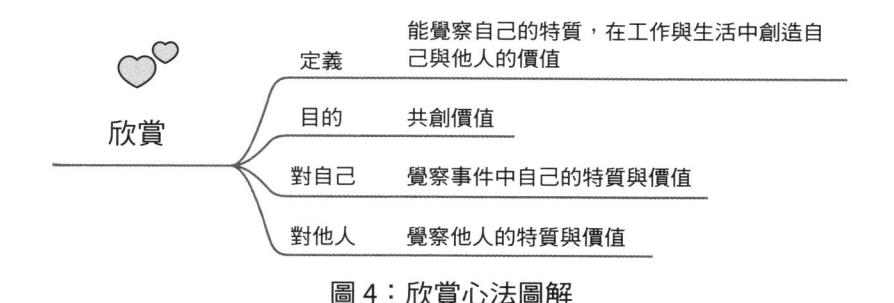

欣賞
- 定義:能覺察自己的特質,在工作與生活中創造自己與他人的價值
- 目的:共創價值
- 對自己:覺察事件中自己的特質與價值
- 對他人:覺察他人的特質與價值

圖4:欣賞心法圖解

心法日記 3：專注

專注的定義是：能集中注意力於目標，觀照自己的需要，找到心的穩定。

專注的目的：讓自己的心穩定。

專注目標的重要性

任何成功的人，都會專注在他的目標上，企業經營沒有目標不會成功，人生的經營沒有目標，也不會成為自己想要成為的人。目標要注意兩件事：一是這個目標是關於要求別人還是反求諸己？一是這個目標是否為大我的目標？

達真的 ACC 學員來學習 GROW Model，第一件事就是要把目標（G）改為與自己努力相關的目標，例如：如果學員提出來的議題是：我希望同事不要每次都拖延報告、我希望女兒能夠準時起床上學，這些目標不可能透過教練來達成，因為當事人不在現場，所以我們都會協助學員轉化成跟他／她自己發揮影響力有關的目標，例如：我希望女兒能夠準時起床，這個題目就可以改成：我如何影響女兒，讓她能夠準時起床？

目標是關於自己的影響力

我通常會提出幾個問題，讓學員把這樣的目標改為自己可以控制的目標。例如若學員的議題是：我希望同事不要拖延報告。教練則提問：你覺得自己可以做什麼改變，來影響同事不拖延？

當教練這樣提問時，客戶通常會陷入深思，因為他們從來沒有想過，自己對於這個問題也有責任，而且通常都認為這是對方的問題。但是這是事實嗎？沒有任何問題是單方面的問題，我們每個人都需要對問題負責任，而我們可以控制的，只有自己而已。

目標必須是大我的目標

除了把目標改為以自己能影響的範圍來設定外，另外一個做法是：把目標設定為大我的目標。如何設定大我的目標？這是一個視野的問題，如果我們站在老闆的角度來看事情，或者站在對方的角度來看事情，視野是否就會不一樣？大我的目標一定是雙贏的，如果針對孩子起床的問題，大我的目標會是什麼？我若是這位母親，會思考什麼能夠吸引孩子起床？可能是好吃的早餐，或是一個獎勵的制度，這時我的目標就會修改為：如何讓孩子能夠被我的獎勵辦法激勵而準時起床？

前面心法日記的案例，我的目標是「做好溝通」，這個目標我相信對方也渴望得到。平時夫妻吵架，妻子通常想的都是「我就是要他道歉」，當對方不道歉，溝通就無法產生。如果妻子的目標設定是「我們能做一個良性的溝通」，那麼這個目標會比較容易達成，因為對方也會想要，專注在這樣的大我目標上才能雙贏，也更有意義。

專注心法四個層次的自我探索如下：

1. 能集中注意力在設定的目標上，不受情緒干擾。
2. 能覺察自己的干擾，接納它的存在。

3. 能覺察干擾背後的需要，接納或滿足自己的需要，得到心的穩定。
4. 能覺察與觀照他人的目標與需要，取得雙贏的結果。

自我教練提問如下：

我的大我或雙贏的目標是什麼？

無法達成目標的干擾是什麼？

在這個干擾下，我的需要是什麼？我想獲得什麼？

我如何滿足自己的需要，找到心的穩定？

心法日記範例

日期 \ 事件	對下屬一直無法把我交代的事情聽進去與做改進，覺得很不滿。	
8月26日	專注	
	我的大我／雙贏目標	我的目標是要跟對方做好溝通。
	我的干擾與需要	我的干擾是覺得自己不被尊重，所以我需要被認可，我接納自己有這個需要。
	滿足自己的需要、感受自己、身體覺察、找到心的穩定	認可不需要透過他人，他人的行為是他的問題，不應該成為我的問題，我覺察「自我認可」的感覺，心熱，身體輕盈，頭鬆了，心開始穩定下來。
	對方的目標與需要	希望獨立運作，需要自由。
	我的行動	每天覺察「認可自己」的感受，從內在產生力量而不外求。

難行能行

干擾與需要案例一：

　　干擾與需要，是專注心法裡特別需要覺察的部分，干擾到底要如何找到？達真「價值觀」的課程會教導「目標價值觀」與「干擾價值觀」，價值觀雖然是我們行為的動力，但是也很容易成為行為的干擾。

　　以上面的案例來看：我有一個「要做好溝通」的目標，但是卻無法完成，到底干擾我的是什麼？我為什麼生氣？當我往內看，會發現干擾我的是「當對方屢次不回應、不改變」，就是「不尊重我」，在這個「不尊重」的大帽子下，我就會不想溝通，甚至做指責性的溝通，以至於我的目標就無法達成。

　　於是我找到了「尊重」這個價值觀是我的干擾，找到干擾後，還要更往深處覺察，當我覺得不被尊重時，我的需要是什麼？答案可能是被尊重，也可能是被接納、被認可，這時我們要自己感覺一下，哪個比較是自己心裡的渴望。所有人類的需要或渴望有：愛與被愛、被接納、被肯定、有意義、有價值、自由、安全感等，初次練習者不容易找到自己的需要，可以就上面這七大需要覺察你是屬於哪一種？等練習多了，自然就比較能跟自己的需要在一起；如果還是無法，可以找一位教練來協助你，或者只寫下你覺察到的部分，經常探尋，你就會愈走愈深，看到更多的自己。

干擾與需要案例二：

　　下屬每次遇到問題都不解決，直接找我要答案。
　　我的目標：共創 *1＋1＞2* 的效果。

我的干擾：我生氣的原因是她不當責，但是她每次找我，是因為我都不拒絕她，會幫她善後，所以我真正的干擾是和諧，我希望有一個和諧的關係。

我的需要：我要「和諧」是想要獲得什麼？其實是被接納。

滿足需要：當看到這個需要，請滿足自己這個「被接納」的需要，閉上眼睛，感覺完全接納自己的感受，這時候你可能會感覺到心熱熱的，情緒很平穩，不再激動、生氣，心也穩定下來了。

對方的目標與需要：下屬應該是需要協助，目標是要及時完成工作，她應該是重視效率，認為找我比較快。

我的行動：回到我的目標是 $1+1>2$，則我要跟她談談我自己的工作壓力，以及對她的相信與期待，我相信她是有能力的，我們兩人可以達到 $1+1>2$ 的效果。短時間內，我可以教導她如何完成不擅長的工作，或者重新分配工作，但是要告知她未來我不希望再承擔她分內應該完成的事情，我想要改變自己的「有求必應」模式，跟她一起成長。

以上兩個案例，希望能幫助大家多了解如何運用專注的心法來自我教練，圖解如下：

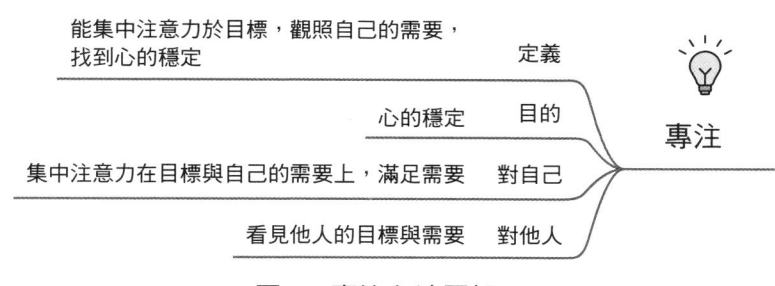

```
能集中注意力於目標，觀照自己的需要，         定義
找到心的穩定
                          心的穩定      目的
                                                    專注
集中注意力在目標與自己的需要上，滿足需要   對自己

              看見他人的目標與需要      對他人
```

圖 5：專注心法圖解

心法日記 4：平等

　　平等的定義是：當面對情境與人時，能不起分別心，無對錯、身分、好壞、美醜等種種差別觀感與待遇。對於自己內在沒有分別心的平等，需要做到以下五個層次：

1. 能如實接納自己的正向與負向特質，無分別心地接納各種面向的自己。
2. 能覺察與找到負向特質的力量，不再為自己貼負向標籤。
3. 能覺察自己的分別心，探尋自己的想法、感受、家庭規條、價值觀與期待等，進而鬆動自己。
4. 能覺察善與惡、好與壞、是與非，均為一體之兩面，能無差別地看待它們。
5. 能不分別地對待自己與他人，產生同體大悲心。

　　平等雖然是教練最基本的心法，但是很難做到，教練談的是一

種平行的夥伴關係，我們跟客戶是平等的，不是我高你低，如果是一高一低的心態，比較像顧問，客戶會依賴我們，這樣一來就較難開發客戶的潛能。

完成心法日記的平等，比 ICF 規定的平行夥伴關係的平等又增加了難度，為何我們要把平等的心法放在 MCC 課程裡？主要是因為，MCC 談到的平等是教練完全不引導，讓客戶主導對談的狀態，如果不是真心地相信客戶，看見客戶的完整，這種平等的教練方式很難做到。

教練要看見客戶的完整，首先要看見自己的完整，這是為什麼我們要在 MCC 課程裡先訓練大家以平等心來看自己。雖然平等的心法難度很高，這裡仍然會展示心法日記的寫法，有興趣的讀者或者有一定覺察力的讀者，歡迎你來練習。

平等的重要

教練裡的平等心法為何如此重要？因為在教練的核心精神中，平等心法確保了教練與被教練者之間的互動是基於尊重、信任與開放的。而這種平等的概念不只適用於教練與客戶的關係，也適用於工作關係與家人關係，試想如果能平等地對待下屬或老闆，我們的應對會有什麼樣的不同？連接與信任會有什麼樣的不同？平等地對待子女、公婆、父母，我們的應對、連接與信任，會有什麼樣的不同？

平等的重要性如下：

1. 創造安全與信任的環境

當我們以平等的心態與人互動時，對方會覺得自己的想法受到尊重，而不是被指導或評價。這種安全感讓他們更願意坦誠分享真實的想法、挑戰與困境，而不是說出我們想聽的話。

2. 讓對話充滿可能性

如果我們抱持「我比你厲害」、「我來教你」的心態，就容易陷入權威式的對話模式，無形中限制了對方的思考與創意。真正的教練精神強調「我陪伴你一起探索」，這樣才能讓對話開展出更多可能性。

3. 激發內在動力，促進自我成長

當對話的對象感受到自己被當成平等的思考夥伴，而不是被指導的對象時，他們會更有動力去發現自己的答案，進一步強化自我領導與自我當責的能力，而不是依賴我們的指導。

4. 減少無意識的權力壓制

如果我們不注意平等心態，可能會無意識地強加自己的觀點，甚至讓對方感到「必須照著做才是對的」。這種權力關係會讓對方無法真正自由思考，甚至可能影響自信心。

教練式領導人為何要注重平等心態

企業內的教練式領導人若能實踐平等心法，將能夠創造更具影

響力的領導方式，帶來以下幾個關鍵效益：

1. 讓團隊更具主動性與責任感

當領導者以平等的方式對待團隊成員，而非高高在上地指示工作，成員會更願意主動思考，並對自己的決策與行動負責。這樣的團隊更有動能，能夠自發性地解決問題，而不僅僅是等待指令。

2. 提升團隊的創新與學習力

權威式領導容易讓團隊成員習慣服從，而非挑戰現狀。但當領導者以平等的方式與團隊互動，員工會更敢於提出新想法，促進團隊的創新與持續學習的文化。

3. 強化組織內部的信任與合作

當領導者能夠以平等的方式對話，團隊成員之間也會模仿這種溝通方式，使組織內部的合作更順暢，減少內部消耗與對立。

4. 建立真正的影響力，而非權威式控制

領導者若能展現平等心法，員工會因為被尊重而願意跟隨，而非只是因為職位的權威。這種影響力比起控制式管理更為長久，並能打造更健康的組織文化。

> **企業案例**
>
> 　　我在一家公司做「教練式領導」的培訓時，會驗收主管們的教練對話能力，當我發現某位主管一直給同儕建議時，我問他是否相信對方有解決問題的能力，他說「是」，我繼續問他：「真的嗎？你真的相信嗎？」他開始有些遲疑，如果這位主管真的相信同儕有解決問題的能力，他就絕對不會不斷地給答案或引導。當我指出這個矛盾時他也愣住了，無法回答為何他相信但是行為卻相反。要改變我們的慣性很困難，唯有覺察與透過他人的回饋，才會讓我們成為真正平等待人的領導人。

　　當然，領導人常常有緊急與重要的事情需要處理，當這些事情發生時，無法用太多的引導，指導會比較容易快速地解決問題，這時平等心態可能無法被感受到，但是長期來說，企業文化的養成，平等與尊重應該是核心。如何養成教練式領導人「平等」的信念？你可以透過自己實驗，做兩個對照組，一位下屬你經常給他答案，一位你不給答案，只是提問。經過一個月，你應該就會發現這兩位下屬的不同表現。

　　當我們經常給答案時，就會愈來愈辛苦，因為下屬不敢做決定，都來找老闆給答案，我們養出一群應聲蟲，而自己的時間會愈來愈不夠用，團隊績效也不會比較好。古代的帝王大多活得很短命，因為他們每件事都事必躬親，現在我們面對這麼多變化的世

界，如何更相信下屬？以平等心對待他們，提問讓他們擁有更多的思考與決策能力，養成不依賴主管的行為。

我認識的另外一位學習過教練的高階主管，她非常有意識地把自己給答案的習慣改掉，這並不容易做到，因為高階主管不管是能力或經驗都比下屬強很多，如何克制自己給答案、期待完美的工作心態，需要另外一個信念與習慣的養成，如果你相信團隊的力量大於明星球員的力量，那麼就需要養成「提問」與「肯定」的教練式領導人的習慣。

父母與子女的平等

教養孩子也是一樣，父母必須放下自己比兒女懂得多的心態（不平等），以平等心來對待兒女，有事也可以請教兒女，當我們真心相信與實踐平等時，就會訓練出更有能力與自信的子女。教練父母能做到的就是經常肯定子女的特質，讓他們發揮價值，同時要做到提問，讓子女學會思考與解決問題的方法。

當我在家庭讀書會上，運用提問來了解女兒的看法時，我學習到她待人處事的方式非常有同理心，而當她分享自己擅長的音樂時，一首魔力紅（Maroon 5）的成名曲〈Sugar〉糖粉的 MV，讓我體會到藝人背後無私分享與創作此曲的原因，從本來討厭這首歌的旋律到愛上這首歌，還把從中的學習應用在教練裡，讓同儕們知道「撒糖」的重要，這些都是平等心帶給我的成長與好處。

如果我沒有平等地對待女兒，這些學習與成長都不會發生。當我們平等地對待子女，才能真正聽到兒女的心聲，互相交流，兒女

及我們都能學習與發展得更好。

專業領域的平等

在高度專業的領域裡，例如：醫師、律師、會計師、諮商師、工程師等，「平等心法」看似難以實踐，因為這些領域的專業人士經歷了多年學習與訓練，擁有更高的知識與技能，且資深者和新手之間的知識與經驗落差確實存在。

然而，平等心法並不等於沒有階層或知識上的差異，而是指：

1. 在「尊重個人價值」上是平等的——不因專業地位而貶低他人。
2. 在「對話與學習氛圍」上是平等的——即使專業經驗不同，也能開放對話、互相學習。
3. 在「培育人才的態度」上是平等的——不是單向灌輸，而是鼓勵思考與成長。

如何在專業領域中實踐「平等心法」？

1. 建立「尊重與信任」的文化，而非「權威至上」

❌ 錯誤做法（傳統權威式）：

「你什麼都不懂，先聽我的，少問問題。」在韓劇裡醫師帶領實習生時，常常看到這樣的情節；病人去找醫師問診時，也常常會被這種思想控制。我最近因為頭皮過敏去看中醫，他是一位 70 歲的老醫師，開給我的藥方讓我瀉肚子及皮膚過敏，當我反應這些狀況時，這位老醫師的態度是：「我開的藥沒有一樣是會造成皮膚過敏的，如果妳這麼說，那就不要來找我看病好了⋯⋯」他說的可能

都是事實，我相信他有臨床上的專業，但是如果醫師用這種權威的方式來對話，就會喪失一個向病人學習的機會。我相信，每位病人都是獨特的個體，每帖藥，對不同的人很可能會造成不同的影響。

當這位老醫師這麼回應時，我嚇得不敢再跟他說我的狀況，其實我相信自己的狀況應該是一個特例，主要是因為我長期吃素，對於藥物非常敏感，老醫師開給我的中藥已經比其他中醫的副作用低非常多了，我心裡是很佩服這位老醫師的，但是當他用這種權威的方式與我談話，溝通與學習的大門就關閉了。

☑ 平等心法（教練式引導）：

專業領導人可以這麼說：「這是一個複雜的案例，你的觀察是什麼？你會如何判斷與下決策？」

☞ 做法：在專業決策上，資深者仍然有最終權威，但在學習與討論的過程中，讓新手有機會表達與思考，而不是只接受指令，這樣對於培養人才才會有真正的效果。

2. 讓資深者成為「思考的啟發者」，而非「絕對的答案提供者」

☒ 錯誤做法：

「這就是標準的 SOP，沒什麼好討論的。」

☑ 平等心法：

「這種狀況下，根據 SOP 我們通常這樣處理，但如果有特殊情境，你會怎麼考慮？」

☞ 做法：讓學習者參與推理過程，而不是被動接受「唯一正確答案」，這樣能讓他們更快內化專業知識，而不是盲從。

3. 資深者可以承認「我不知道」，並鼓勵共學

在 MCC 職能裡，承認「我不知道」是重要的專業衡量，這其實代表大師教練的**謙卑**及能夠向客戶**學習**的一種心態，這不是在鼓勵我們經常說「我不知道」，它只是教導我們能**面對**與**接納**自己也有不知道的時候，我們都是「人」不是「神」。

❌ 錯誤做法：
「我永遠是對的，你們就照做。」

✅ 平等心法：
「這個問題我也沒有答案，讓我們一起來探索可能性是什麼。」

👉 做法：專業領域也在不斷發展，當資深者願意示範開放學習的態度，會讓組織文化更健康，年輕一代也更願意主動學習，而不是害怕挑戰權威。

4. 讓資淺者有發言權，而非只是服從

👉 做法：

預先討論：「如果遇到這種狀況，你會怎麼處理？」
即時提問：「過程中，你有沒有觀察到什麼不一樣的地方？」
事後反思：「這次的做法你怎麼看？有沒有其他可能性？」

現在坊間流行的「提問領導力」，談的就是教練式領導的平等方式，提問不只是表示我們相信員工或下屬有能力解決問題，提問其實可以協助下屬思考，讓下屬的能力更提升，這是一個發展人才最簡單也輕鬆的方式。

價值觀的平等

另外,我們的不平等心,會展現在對他人的價值觀上,這也會影響溝通的成效。假設我是一位重視「公平」的人,當我遇到一位只在意員工「績效」的老闆,只用績效評斷人,不公平地對待每位同仁時,我就不願意為他工作,這樣很可能會破壞我們的信任關係,也達不到我自己的績效。反而我應該放下我的公平,先把績效做出來,再跟老闆談談他只重視績效對員工向心力的影響,這樣才有機會影響老闆、改變老闆。

價值觀會帶來偏見,也會影響企業裡的平等心,最近我遇見的一個高階主管案例談到的就是這種偏見的影響。

企業案例

一位 GM 對於公司裡很有併購經驗的 HR 主管非常不滿,主要是 HR 在處理被併購的主管的方式,讓 GM 覺得很不尊重對方,他很不開心。HR 的處理方式是發出電子郵件給所有相關人士,告知這位主管要在期限前搬出現在的辦公室,GM 的期待是:HR 不應該發出通知給所有人,而是私下做好溝通,要用更尊重與人本的方式來處理這個重要的事件。

這裡 GM 的價值觀是「尊重」,而 HR 的價值觀是「效率」,當 GM 認定 HR 主管不懂得尊重高階主管時,溝通的方式充滿指責,HR 也會覺得委屈,因為她其實是一心想要協助公司盡快完成併購的作業流程。

這個溝通無法做好，其實就是價值觀造成的不平等，當我們能平等看待不同的價值觀時，溝通管道才能打開。上面這個例子，GM 如果能看見 HR 的效率價值，肯定她的用心，再將公司對於人本文化的重視告知 HR，如果效率與人本衝突，公司寧可要人本，這樣的原則溝通清楚，未來就不會再有類似事情發生了。

如何在教練式領導中實踐平等心法？

1. 避免「專家心態」，改為「好奇心態」

不以「我是來教你」的心態，而是「讓我們一起探索你的可能性」。

2. 積極聆聽，避免過度引導

讓對方真正說出他的觀點，不是選擇性聆聽，只聽你想聽的話。

3. 相信對方擁有內在智慧

教練的核心假設之一是「每個人都有資源找到自己的答案」，領導者也應該相信團隊成員的潛能。

4. 問開放式問題，而非直接給答案，或給予封閉式的提問

讓對方思考，而不是直接灌輸「正確答案」，封閉式的問題例如：「選擇 A 是否是你要的？」當我們被問到是或否時，思考的深度降低了，而且下屬會被我們引導提供「是」的答案，提問應改為更開放的方式：

你會做哪一個選擇呢？

原因是什麼？

5. 用語言表達平等心態

例如：「你怎麼看？」、「這對你來說意謂著什麼？」而不是「你應該這樣做」。

6. 創造雙向對話，而非單向輸出

讓對方參與決策，而不是只接受命令。

　　心法日記裡的平等，特別就價值觀的平等做練習，讓我們每個人可以面對自己的陰影，更接納與開放地看自己與他人，這樣真正的平等才會產生。陰影的面對，下文會做更清楚的說明。

　　平等心法在達真的 MCC 課程才會教導，以下的提問如果對於讀者太過困難，請放下這個練習，先做好前面三項心法即可。

　　平等心法提問：

1. 我是否平等地對待對方？如果沒有，原因是？
2. 我的想法、價值觀、情緒、身體感覺以及行為模式的覺察是什麼？
3. 在這個事件裡，我的正向特質是什麼？覺察一下這個特質的力量與感受？
4. 這個正向特質的相反特質是什麼？請做出一個身體動作，找到它的力量與感受。

5. 請運用這個相反特質來解決你目前的事件，有哪些新的想法、感受、身體覺察產生？
6. 請融合你的正向特質與相反特質，做出一個身體動作，或想像一個畫面，感受一下，用這個新的你面對你的事件，現在有的轉變是什麼？

心法日記範例

日期 \ 事件	對下屬一直無法把我交代的事情聽進去與做改進，覺得很不滿。		
8月26日	平等		
	平等對待對方？原因？不平等想法／價值觀／情緒／身體覺察／模式覺察		沒有平等對待對方，因為覺得對方年紀輕，經驗、能力都比我差。想法：有一種權威的想法；價值觀是尊重；情緒是生氣＋無奈；身體覺察：胸口悶、喉嚨緊；溝通模式：指責。
	自己正向特質的力量與感受（做姿勢／身體覺察）		在這個溝通事件裡，我的正向特質——堅持，姿勢是手握拳，頭熱，手及腳有力量，感覺充滿能量。
	相反特質／姿勢／身體覺察／找到力量／感受		堅持的相反特質——擺爛，擺爛的姿勢是躺著，四肢打開，完全輕鬆，力量在放鬆，柔軟的力量，接納一切的感受，感覺從頭到腳都很放鬆。
	發揮相反特質的力量，產生新想法／感受／身體覺察		帶著擺爛的、接納的、開放、輕鬆的自己，面對議題。新想法：好奇對方在想什麼？感覺：輕鬆，力量在全身，是柔軟的力量，感受到開放，眼睛有力量，很好奇，想要多觀察，多看看。

融合兩個特質,做動作或想畫面／融合後的想法／期待與感受／身體覺察	融合堅持與擺爛,手放鬆地攤開,脖子、眼睛很有力量,頭向後仰,腳很穩定地站在地上,面對議題。 新想法:我可以接受對方的挑戰,等待對方的回應,我會清楚溝通目標,並且開放地接受對方的想法。期待自己是一個開放與有目標的人,感覺更開放但是很專注,身體穩定而放鬆。
對方正負向行為	正向:勇敢面對我的挑戰與情緒,做自己;負向:拖延、懶散。
負向的需要或原因	拖延或懶散的需要是輕鬆,可能因為平日壓力已經很大了,想要放掉壓力。
我的行動	1. 新行動:好奇詢問對方為什麼沒有回應,她的需要是什麼? 2. 向對方表達我很開放,願意接受任何想法,讓對方知道我需要有效率地解決問題。 3. 核對目標是什麼,讓彼此有共識,向前邁進。

　　平等心法最難的是找到自己的相反特質及其力量,因為我們不會認同這些特質,譬如我是一個講究效率與堅持執行的人,不會認同擺爛的特質或價值,因為我的不認同,就會無法使用這個價值觀的力量,來解決我經常碰到的困擾。

　　經常碰到的問題,基本上就會是你需要突破的瓶頸,也表示你現在擁有的知識、想法與做法已經都不管用了。如果我們能平等地看待自己有可能也擁有這些相反的特質,運用這些不常使用的價值觀或特質,會讓我們打開新視角來解決問題,也才會有一個更平衡

的人生，與更完整的自己。

達真的 MCC 陰影課程會帶學員做融合兩個特質的體覺活動，當學員做完融合後，都會感覺自己更合一、更圓滿，力量也更大！那種感動是無法用語言形容的，歡迎大家來上課並且體會。

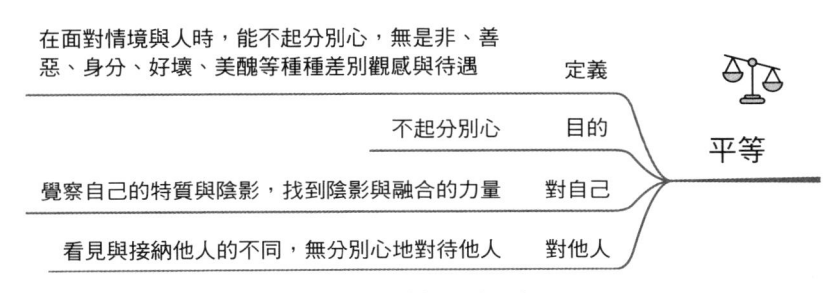

在面對情境與人時，能不起分別心，無是非、善惡、身分、好壞、美醜等種種差別觀感與待遇	定義	
不起分別心	目的	平等
覺察自己的特質與陰影，找到陰影與融合的力量	對自己	
看見與接納他人的不同，無分別心地對待他人	對他人	

圖 6：平等心法圖解

心法日記 5：無我

　　無我的定義：能放下所有的執著，達到完全不評斷與接納的狀態，並且能找到完整、不動與無限的自己。無我並不是「沒有自己」，而是放下對小我的執著，進而經驗到更深、更廣、更自由的真我或本來面目。這個定義其實是很難做到的，但是它是一個自我修練的目標，多放下一個執著，就會多一層寬廣的感受，當我們能放下所有的執著，包含對於身體的執著，那麼在面臨死亡時就有機會不害怕，看破生死，勇敢面對，知道自己是永恆的存在。「無我」雖然說明身體、想法、感受等的不存在，同時也表達了「我」

是一個廣大無邊的存在，是一個沒有任何羈絆、自由與沒有死亡的存在。

死亡與無我

我們人生最大的議題，應該就是死亡了，2024 年～2025 年我面對了兩次死亡，一位是我母親，一位是我姊姊。母親已經 105 歲，臥病多年，死亡對於她而言是一種解脫，但是姊姊就不然了，她才 71 歲，而且這輩子都沒有生過病，醫院一檢查出來就已經是肺癌四期。過程中，我看到姊姊很勇敢地面對病魔，早早交代了所有的事情，但是姊姊還是沒有足夠的勇氣面對死亡，在兒女勸說下，她接受了化療，過程非常痛苦，雖然最後醫師也同意停止化療，但是姊姊已經受罪至少三個月了。

死亡到底是什麼？我們每個人要認清楚的是身體並不是自己，死亡只是脫離了身體，去一個更好的地方，如果生前執著於自己的身體，認為身體是自己，那麼死亡這一關就很難度過。

父親走之前，我也面對過同樣的痛苦抉擇，到處求醫拜佛，中醫、西藥、偏方，能嘗試的都去嘗試，花了非常多冤枉錢不說，結果是對父親一點幫助都沒有。那時候，我跟一般人一樣，對死亡非常害怕，想盡辦法要救父親，我自己焦慮不安不用說，最難過的應該是所有努力都沒有用，該走的還是要走。還好，二十年後，我終於了解死亡到底是什麼意思，真正的我是不會死亡的，它是不生不滅的存在，如果當初我能早點理解「無我」與死亡的真諦，父親並沒有真正的死亡，他是永恆的、沒有生滅的存在，《金剛經》談到

的「凡所有相，皆是虛妄」，我看到的父親身體的敗壞與痛苦，其實都是假相，如果我能夠建立正確的信念——身體不是我，那麼對於親人的病痛與離去，就會多帶著一份祝福的心，親人也不會因為我的擔心、害怕，而需要多忍受一些不必要的痛苦，不能輕安自在地離開。

因為有這些認知，我清楚地告知孩子們，到我的晚年，如果有病痛，千萬不要做任何插管治療，不管是鼻胃管、尿管，任何用來延續生命的管子都沒有必要，因為我不懼怕死亡，時間到了，去一個更好的地方——阿彌陀佛淨土，我非常期待，不必再用藥物或其他方式來延續我的生命。

無我的重要

無我為何如此重要，因為它能：

1. **化解痛苦的根源**：佛教認為痛苦來自「貪、瞋、癡、慢、疑」，其根本是對「我」的執著，我的貪念、我的生氣、我的愚癡、我的貢高、我的懷疑，都造成自己的痛苦，放下這些執著，痛苦就無法立足。

2. **進入真正的關係**：只有當我們放下對自己的過度關注，才能真正聽見他人、理解他人，建立真誠的連結。

3. **進入更大的智慧與創造力**：小我是有限的，但當我們進入無我狀態，就像連上宇宙的 Wi-Fi，直覺與創造力大開。

4. **找到自由與平靜**：當我們不再活在對身分、成就、評價的追逐中，就會發現原來生命的本質就是自由與喜悅。

讀者可以想想最近有什麼衝突或情緒事件，當你想到這個事件，會發現自己一定有一些執著的想法或價值觀，要開始做覺察，把這些執著放下，再來重新看這個事件。例如：我們團隊最近有一個衝突事件是：A 成員很用心地做出一個文案，希望大家給建議，結果 B 成員給出一些很直接的想法，讓 A 很不舒服，覺得自己不被理解。這裡 A 可能有的執著是：我的努力應該要被看到，但是她沒有想到，大家並不是沒有看到，反而是她太執著在「被看到」或「被理解」，於是她會感覺不舒服。這樣的執著讓 A 痛苦，也讓 A 無法與 B 建立關係，自己的自由與更大的智慧就無法發生。

　　下面是無我心法教練的五個層次：

1. 能覺察自己在想法、價值觀或信念上的執著，並看到執著對自己的負面影響。
2. 能在衝突或情緒事件中看到自己的執著。
3. 能覺察執著的感受與身體經驗，進而做出改變。
4. 能專注呼吸，跟隨呼吸到全身，並覺察身體的不存在。
5. 能用心與呼吸連接，擴大心的能量到宇宙，找到無限與完整、不動的自己。

　　以上面 A 的案例，如果 A 覺察到這個執著，就可以進行第三項無我的練習，覺察感受，感受一下「我的努力應該要被看到」這句話，身體有什麼感覺？情緒是什麼？這時可能會覺得心跳得很快，頭皮發麻，情緒是委屈的。這時我們可以跟身體對話，心跳得這麼快，它想告訴我什麼？要我放下這個想法！頭皮發麻，它想告訴我什麼？放鬆！

難行能行

這時候可以進行第四步驟的深呼吸,讓自己放鬆,把想法放下。深呼吸的過程,要覺察身體並不是我,我的身體不存在,它是假的,當我放下身體的執著時,我與宇宙才能夠真正地連接,感受到自己的無限與廣大無邊,同時因為我放下了執著,也比較能體會如如不動的自己。

心法日記範例

這裡用的方法跟上面的例子不同,是使用薩提爾僵化觀點的冰山教練方式,兩種方法都可以使用,端看你自己適合哪一種,或你的客戶適合哪一種。這裡再次提醒,「無我」心法是難度最高的心法,沒有前面幾個覺察的基礎,無我不容易做到,請大家要循序漸進地學習。

日期 \ 事件	對下屬一直無法把我交代的事情聽進去與做改進,覺得很不滿。	
8月26日	無我	
	我執著於什麼想法／價值觀／信念／僵化的觀點?	我的想法是每個人都必須要說到做到,要尊重他人,不回應就是不尊重。僵化的觀點是每個人都必須要懂得尊重他人。
	覺察僵化觀點的影響	當有人沒有做到尊重,我就會生氣,覺得這個人人品有問題,影響我跟這個人的互動。
	這個僵化觀點帶給自己的感受與身體經驗	我感受「每個人都必須要尊重他人」,整個胸口是緊的,頭上方緊,心跳快,情緒生氣。

	僵化觀點的期待，找到渴望，自我滿足渴望，感受這個自己，覺察身體	這個事件裡，我期待自己有影響力，渴望有價值，我感受一下自己是有價值的，心是熱的，胸口溫暖。
	新的自我體驗——我是（可以做出動作，加強感受）。	我是有價值的，做出有價值的動作，感覺它。身體感覺：頭手有力量，心很熱，跳動快，情緒興奮。
	我的行動	每天靜坐，回到真正的自己，有價值的自己，感受它。有執著時，知道情緒不是自己，回來真正的自己去感受／體會，對方的問題不再是問題，有問題的是自己執著的想法。

　　上面是自我教練時如何覺察自己的執著，放下執著，最後能成為更廣大無邊的自己。

　　下面這個案例是當我們教練他人時，如果沒有注意到自己「有我」可能會對客戶產生的影響，在日常溝通中如果「有我」，也會產生這樣的影響。

　　客戶議題：如何跟一位很愛抱怨的下屬溝通時，不生氣。
　　教練：你期待自己變成什麼樣子的主管？
　　客戶：變成很包容，不生氣的樣子。
　　教練：所以在這件事情上面，你會覺得自己一定要做到這個包容嗎？

難行能行

客戶：嗯。

教練：*<u>你確定一定要做到這個包容嗎？有沒有可能有別的方法可以做到不生氣？</u>*

客戶：因為公司的政策就是要我們「多元」，所以我們都要讓自己能夠很多元、很包容。

上面粗斜體加底線的部分，是教練在引導對話的方向，原因很簡單，因為教練有自己的想法（有我），覺得也許可以不用包容就能做到不生氣。但是其實客戶想要成就一個更大格局的自己、更包容的自己，當教練用自己的想法在引導時，客戶的格局很可能就變小了。

身為公司的主管，也比較會發生像上面這個案例的引導方式，用封閉的提問來引導下屬給我們想要的答案，如果你想要創造的是一個能夠自發性思考、有能力自主解決問題的團隊，那麼請改變你的提問為開放式提問，開放式提問還是來自於心態的改變，我們如果能更平等與無我地看待下屬，開放的提問才會更頻繁地發生。

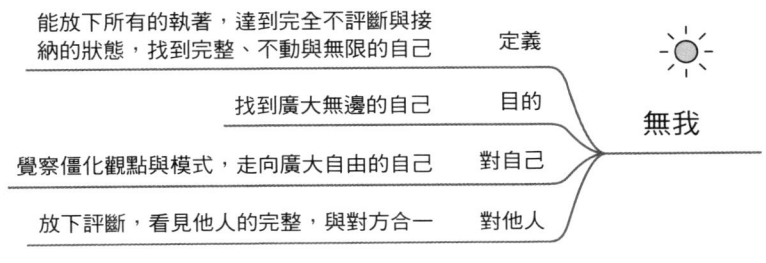

能放下所有的執著，達到完全不評斷與接納的狀態，找到完整、不動與無限的自己	定義	
找到廣大無邊的自己	目的	無我
覺察僵化觀點與模式，走向廣大自由的自己	對自己	
放下評斷，看見他人的完整，與對方合一	對他人	

圖7：無我心法圖解

覺察的方法之三：不二聆聽
——耳根圓通

　　第三種覺察的方法，我稱它為「不二聆聽」，指的是用「不二心」聆聽。不二心是什麼意思呢？當我們把別人或萬物當成自己，這樣的心就是不二心，它是合一的心，一體的心，當聆聽時，我們會聽到所有的聲音，不管是你喜歡的還是討厭的聲音，你都能平等不二地對待它們，動與靜的聲音是平等的，遠與近的聲音是平等的，這叫作不二心的聆聽，不二心就是不分別的心。

　　這個方法是從《楞嚴經》第六卷的耳根圓通法門演化而來，這要感謝佛陀的侍者阿難的提問，《楞嚴經》第五卷裡，佛陀邀請現場所有開悟的人分享一下各自開悟的法門，於是我們有幸學習到 25 種用覺察來開悟的方法，觀世音菩薩是最後一位分享者，在卷六，祂分享了耳根圓通法門，最後，佛陀請文殊師利菩薩來評估一下，這 25 種開悟方法到底哪一個法門**最方便、最容易成就**？結果，文殊師利菩薩把每個人的分享都清楚地說明利弊，祂點讚的是「耳根圓通」法門，要我們後世人有信心、不要疑惑，好好練習這個法門就可以開悟。

　　當然，如果你不想開悟，也沒有關係，練習這個法門仍然可讓你的人際關係改進，包容力提升，生活得更加自由與快樂！而且它是隨時隨地都可以練習的，因為聲音無所不在。

難行能行

不二聆聽的重要性

不二聆聽為何是一個重要的覺察方法,有幾個原因:

1. 身為人最重要的功能之一是聆聽,如果不能夠好好聆聽他人,公司領導人會無法蒐集充足的資訊,也就無法下正確的判斷;父母會無法聽到孩子的心聲,得不到孩子的信任,無法真正幫助孩子成長;配偶不彼此聆聽,婚姻很快就會產生危機。對於最親近的人,我們最需要的就是彼此的了解與支持,而聆聽是一個最輕鬆的支援方法。

2. 人有六根:眼睛、耳朵、鼻子、舌頭、身體、意念,這些都是我們覺察的工具,好好用眼睛來覺察,只能看 180 度,我們無法看到後腦勺的東西,鼻子與舌頭只能藉聞與嘗味道來覺察,身體也必須有觸碰才能覺察,意念多變化,非常不容易覺察。只有耳朵可以聽到四面八方的聲音,不用轉身、不用尋味,即使在睡覺時也會被聲音嚇醒,24 小時都可以開機覺察,所以它是六根裡最好的工具,因為聲音永遠都在。耳根聽聲音,可以聽到圓滿、通達與常住不滅的聲音,讓我們能體會到自己的本性。本性的我,本來就是圓滿、通達與常住不滅的。

不二聆聽的方法

一、海潮音

　　不二聆聽，要先從海潮音開始聆聽，這要從觀世音菩薩的普門品開始說起，裡面有提到「梵音海潮音，勝彼世間音」，指的是海潮音比世間所有的聲音都好。這海潮音必須到海邊去聆聽，還好臺灣四面環海，很容易在海邊安靜地坐著，聽海浪的聲音。為何海潮音是最適合聆聽的聲音呢？為何不是風聲、雨聲、車聲、鋼琴聲？這是因為海潮音沒有間斷、不停歇，沒有生滅，有生命力，這樣的聲音比較容易讓我們覺察到真正的自己。前面提到的所有覺察方式，都是為了找到真正的自己，而海潮音是沒有生滅、清淨的，用它來練習覺察，找到自己，是最容易做到的覺察法。

　　聽海潮音時，讓聲音帶走我們所有的念頭，吞噬我們的全部，心就會慢慢平靜下來，忘記自己，成為海浪聲的本身。我個人聽海潮音的經驗也在這裡分享一下，當我用「不二心」（我跟海濤聲音合一、不二）來聽的時候，感覺我跟海會融合在一起，它的確有淨化的力量，我會感覺身體不見了，我曾經體會到自己跟宇宙有合一的感受，有一次還感覺像摩西一樣，海浪在兩邊分開保護我，自己端坐在海中央。這些特殊的經驗都不能執著，因為我們要追求的還是找到真正的自己——那個沒有生滅的、廣大無邊的自己。

二、聽所有的聲音

我們無法每天去海邊,所以回到家要如何練習呢?我自己的做法是:每天早上走路時,練習聽**所有的聲音**。如果你每天開車,就開車時練習;每天坐捷運,在捷運上練習聽所有的聲音。剛開始,我會抗拒一些聲音,例如:喇叭聲、車流的噪音,但是我用「不二心」來聽的時候,遠方的鳥叫聲、車流聲、風聲、落葉的聲音、走路聲、喇叭聲、腳踏車聲音、跑步聲,每個聲音都是我的一部分,平等地接收所有的聲音,不要有分別心,不要用腦聽,用心聽,每天練習下來,大概兩週後,我發現當我在開會時,自己的聆聽能力變好了。

以前開會時,有一位工作夥伴常常跟我有不同的意見,而且她常聽不懂我在說什麼,讓我很不耐煩。但是練習不二聆聽後,我發現自己可以耐心聽她說話了,偶爾還可以幫忙翻譯她的意思給另外一位夥伴聽。這是我完全沒有想到的好處,原來我只要堅持練習聽所有的聲音,不評斷、平等心,我的聆聽自然就會進步,溝通也就更順暢了。

入流亡所

不二聆聽,聽所有的聲音,第一步要做到「入流亡所」。「入流」指的是聽所有的聲音,不管是遠方、近處、上方、下方的聲音,都無條件地聽進來,體會我們都是一體的,讓所有的聲音進入自己(入流),整個宇宙都是聲音海,聽聲音海的海潮音,整個空

間都充滿了聲音，空間充滿了風、光明、電波、粒子，聽聲音海的海潮音就像到海邊聽海潮音一樣，最後我們會聽到真理的聲音，聲音告訴我們，每個人都是不滅的存在，都是清淨光明的存在。

而「亡所」的意思是指我們不要被外境拉走了，聽的時候，不要忙著去分辨這是什麼聲音，或評斷這個聲音怎麼這麼吵，不能用意識來聽聲音，要像大海一樣，吸進所有的聲音，讓聲音入自己的真理之流，聲音與我是不二的，用一顆清淨的、不二的心來聽所有的聲音，這樣就做到了「入流亡所」。

三、輕鬆地聽

在聽所有的聲音時，還有一個重要的心法是放鬆，記得我有一次很努力地想要聽到寧靜的聲音，結果發現頭很痛，當我提出這個問題請禪師解惑時，禪師告訴我，我太用力了，其實只要放鬆地、靜靜地聽所有的聲音即可，一旦用力，就表示自己在用「意識」聽，而意識心無法讓我們找到真正的自己。

聽內在的聲音

當我們聽完外在的聲音，也不要忘記聽聽自己內在的聲音，外在聲音會融入自己內在的寂靜裡，單純地聽所有的聲音，同時感覺一下內在的寂靜，讓內外合一，動的聲音與靜的聲音不再有分別，這時或許會感受到身體的界限消失了。透過這樣的覺察，我們會發現真正的自己，它不是身體，也不是想法，而是廣大無邊的存在，是空性的存在。你在這裡，同時你也遍滿宇宙。

四、聽不間斷的聲音

耳根圓通真正要聽的是不間斷的聲音，是虛空的海潮音、光明的海潮音、寂靜的海潮音，這聲音是不間斷的、永恆的，當我們聽到了，就與真理同在，只要我們虔誠地聽聲音，就會覺知「**清淨、光明、寂靜**」的本性，當我們聽到不間斷的寂靜的聲音時，就離開悟不遠了。

如果我們只是聽有生有滅的聲音，例如：音樂、車聲，這不是耳根圓通，也不是不二聆聽要練習的目的，我們要練習放下「意識」心來聽，單純地聽，所聽的聲音會變得愈來愈寂靜。聲音永遠不會消滅，聲音和光明同在，聽永遠莊嚴、永遠存續、永遠不間斷的聲音，聲音與自性不二，聲音與寂靜不二。

專注地聽「不間斷」的聲音，就像聽海潮音一樣，海潮音是不間斷的，讓這不間斷的聲音吞噬你，就像洗澡一樣，浸潤在聲音的水中，聽聲音和覺察不可分開，聲音也和真我不可分開。自性、聲音、聽，三者無分別，如果聽聲音時產生了一個「我」在聽聲音時，這就不是不二聆聽，不可以用分別心來聽聲音，用不二心來聽不間斷的、不生滅的聲音時，會覺察到每個存在都是連接的，整個宇宙都是真理的顯現。

有一部電影《媽的多重宇宙》，其實也在講這個概念，我們本來就存在於多重宇宙裡，量子學也證實了這一點。如果這是事實，那麼真實的、空性的自己，要如何找到？能運用不二聆聽，從海潮音開始聽，體驗到海潮音淨化自己的感受，再進入平常生活面的聆

聽，能聽到「全體的，沒有分別的聲音」，就會離真理不遠，也對於找到真正的自己邁進了一大步。

這麼簡單又好用的覺察方法，讀者是否也想嘗試看看呢？如果你有練習，並且感受到這個不二聆聽覺察法的好處，歡迎寫信給我，讓我們的讀者能夠真正地見證與推廣這個方法，它真的是最簡單、也最容易每天做到的一個方法。

聆聽是教練最重要的職能之一，如果專業教練能夠好好練習不二聆聽，我相信成為 MCC 是指日可待的事情，因為大師教練最重要的心法是「平等與無我」，而不二聆聽是修練平等與無我最簡單的方法。

如果你是企業領導人，練習這種聆聽更為重要，因為聆聽是領導人最重要的能力之一。臺灣的領導人在這個能力上普遍較為匱乏，歡迎大家一起來努力，讓自己能成為一位聽所有聲音的人、不批判的人，也讓我們所帶領的團隊，真的能成為一個包容與合一的團隊。

如果你身為父母，不二聆聽更是你應該要修練的，你是否能平等不二地對待孩子？真正聽見他／她的需要？不批判、不評斷地聽孩子的聲音？引導孩子看見真正的自己的圓滿與完整？

不管我們是否走向開悟，先練習不二聆聽，以平等心聽所有的聲音是一個開始，你將發現跟周圍的人際關係會開始改變，「愛的第一個責任是聆聽」，讓我們一起來努力！

總結

第二部內容較多，以下用心智圖整理自我覺察的三種方法來做總結，以協助讀者了解：

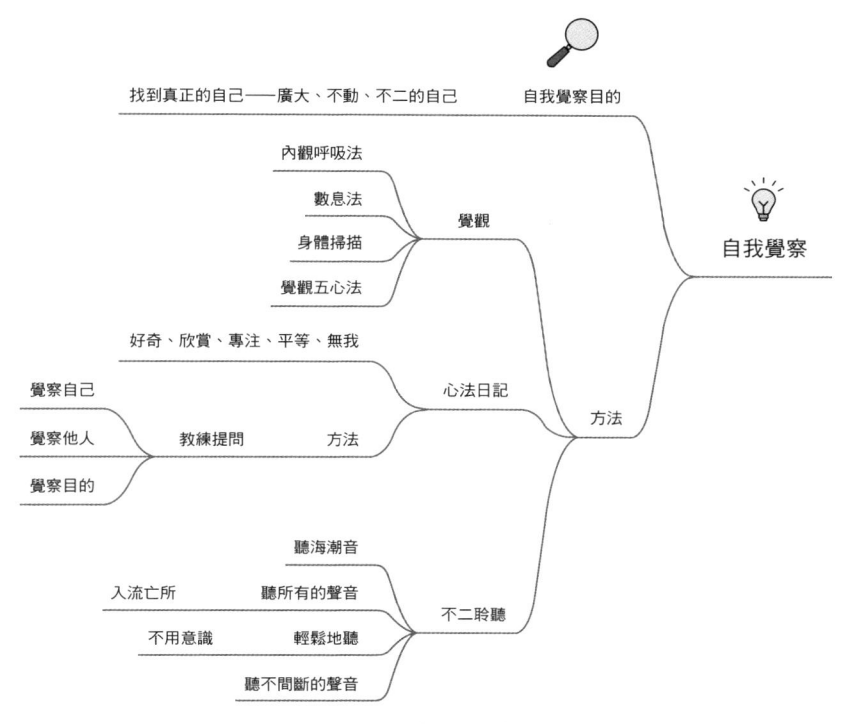

```
自我覺察
├── 自我覺察目的 ── 找到真正的自己──廣大、不動、不二的自己
└── 方法
    ├── 覺觀
    │   ├── 內觀呼吸法
    │   ├── 數息法
    │   ├── 身體掃描
    │   └── 覺觀五心法
    ├── 心法日記
    │   ├── 好奇、欣賞、專注、平等、無我
    │   └── 方法 ── 教練提問
    │       ├── 覺察自己
    │       ├── 覺察他人
    │       └── 覺察目的
    └── 不二聆聽
        ├── 聽海潮音
        ├── 聽所有的聲音 ── 入流亡所
        ├── 輕鬆地聽 ── 不用意識
        └── 聽不間斷的聲音
```

圖8：自我覺察方法

最後我想用〈如果〉（If）這首小詩來結束自我覺察的篇章，這首小詩是一位英國詩人寫給他兒子的，我截取了片段，讓大家體會覺察的力量。

如果——

如果，在眾人都失去理智並指責於你時，
你仍能保持冷靜，並不因此動搖；
如果，在眾人都懷疑你時，
你仍能相信自己，但也體諒他們的疑慮；
如果，你能耐心等待，而不因等待焦躁，
或遭受欺騙卻不以謊言回報，
或被仇恨卻不讓仇恨吞噬，
即使表現得謙和，卻不顯得過於高尚；
如果，你能夢想，而不為夢所縛，
如果，你能思考，而不為思所困；
如果，你能坦然面對勝利與災難，
並視這兩者為欺人的幻象；
如果，你能忍看畢生心血毀於一旦，
卻仍能彎腰拾起破舊的工具重建；
如果，你能將所有贏得的桂冠孤注一擲，
失敗過後，東山再起，
且從不抱怨你的失敗。

如果，你能珍惜每一分鐘的時光，

並將每一秒都發揮到極致；

那麼，整個世界都將屬於你，

更重要的是——孩子，你將成為一個真正的男人！

*此詩為英國著名作家、詩人及小說家魯德亞德・吉卜林（Rudyard Kipling, 1865〜1936）所作，其作品風格涵蓋兒童文學、冒險故事及詩歌，充滿對勇氣、責任、自律與成長的探討，以《叢林奇譚》（*The Jungle Book*）最為知名。1907年獲得諾貝爾文學獎，成為史上最年輕的諾貝爾文學獎得主（42歲），也是首位獲此殊榮的英語作家。

反思與行動

反思提問：

每日能量 10 問：

1. 我想要成為什麼樣的人？
2. 我如何相信自己的存在，本身就是完美的？
3. 我如何真正地聆聽自己、聆聽他人？
4. 我擁有什麼？
5. 我可以欣賞自己什麼？
6. 我應該對什麼事、哪些人心存感激？
7. 我如何對自己、對周遭的人事物充滿好奇？
8. 我想如何過好今天？
9. 我如何能過好不評斷、沒有分別心的一天？
10. 如果今天是生命的最後一天，我會如何過？

行動計畫：

1. 請選擇至少一個自我覺察的方式，每天進行。
2. 找一位夥伴督促你，或者陪同你一起完成上述行動。
3. 每週／月找時間去海邊，靜靜坐著聆聽海潮音。

第三部

MCC 教練之道——
從小我、大我到無我

「大我無聲，大悲無淚，大悟無言。」

——印順導師

"The privilege of a lifetime is to become who you truly are."
「生命的特權是成為真正的自己。」

——榮格（Carl Jung）

（圖片來源：Freepik）

不論是印順導師或西方心理學家榮格，都是我非常敬佩的人物，他們對「我」的體會如上，都強調找到「我」與成為大我或無我的重要性；而教練最高境界——MCC 大師教練，也非常強調「無我」的重要。這一部將從「小我」開始介紹，了解小我的所有

限制,以及教練打開小我的方法;接著會進入「大我」,大我談的是大自然我,進入大我的自己會更包容與開闊,其中介紹的「大我教練 4F 模式」,讓讀者體會每個人都可以進入「大我」的自己;最後介紹「無我」,這在前一部的心法裡已經有些介紹,這裡會運用東西方的哲學與心理學進一步了解無我,也會提供陰影教練法給讀者參考。

讓我們先從小我開始吧。

小我

　　小我（Ego Self）指的是有界限的自我，有需求與欲望的自己為了保護自己，會有自己的角色認同與期待渴望。ACC 教練與 PCC 教練，大概都在「小我」的範圍裡工作，只是工作的深度不同。什麼是「小我」呢？用薩提爾的冰山理論來解釋，小我就是從行為到感受、想法、模式、價值觀、期待、需要、渴望的全面的自己。在佛法裡，小我有存在的必要，小我的存在是讓我們能藉事練心，進而找到真正的自己——無我的自己。既然小我存在的目的是讓我們覺察真正的自己，那要如何覺察小我呢？

小我覺察

　　達真課程裡的小我覺察有幾個面向：行為面、感受、模式、期待、渴望等，以下會逐一介紹。

行為的覺察

　　達真 ACC 的課程會教導行為與目標背道而馳的覺察，當我們說很愛自己的小孩，但行為上卻是以工作為重，很少陪伴孩子；或當我們說很想在工作上表現好，但行為卻是碰到挫折就逃跑；或當我們說很重視健康，但行為的表現卻是不運動、愛吃甜食，這些都

是行為與目標背道而馳的覺察，我們要先訓練自己知道目標是什麼，大部分的人是沒有思考每個行為背後的目標或想要的結果是什麼的。

　　舉例來說：如果你已婚，眼睛卻不時盯著路上的美女，或跟辦公室女同事打情罵俏，你有沒有思考這些行為想要獲得的是什麼？如果配偶正好在旁邊，她的感受是什麼？如果你的目標是擁有美滿的婚姻，那麼行為要如何改變？如果你的目標是欣賞美，那麼如何也欣賞配偶的美？如果你的目標是創造輕鬆的工作環境，那麼有沒有更好的方法，讓你可以在不影響婚姻的前提下，創造一個輕鬆的氛圍？

　　上面這個簡單的例子，說明了覺察行為與目標的重要，當我們想清楚了自己的目標，而且這些目標必須有優先順序，行為自然會比較一致，也較容易得到我們想要的結果。〈緒論〉裡也提到了釐清目標的重要，這個最基礎的覺察只要我們多對生活用心，常常問自己：「我到底想要什麼？」自然就可以成為更好的自己。

感受的覺察

　　在達真，大部分的學員一開始來學教練時，都無法覺察自己的感受，其實這是深受中國文化的影響。東方的文化是壓抑的，「男兒有淚不輕彈」、「女人要嫁夫從夫」、「兒女不得頂撞父母」、「老師說的都是對的」，這些都壓抑了我們的情感。壓抑情感的結果，我們無法真實地與人交流，嚴重的會容易得憂鬱症或其他心理疾病。

當我們真正看見自己的感受，同時表達自己的感受時，對方更容易跟你產生共鳴，也理解你的真實狀況，自己內在也比較能夠平靜。在達真教的感受覺察法是「我訊息」，下面簡單說明一下「我訊息」的表達方式。

我訊息

　　我訊息是指用我來表達自己的真實情感，這不容易做到，因為有前面提到的文化的影響，表達感情首先會被腦袋（觀點）否決，這是需要刻意練習的。

　　我訊息談的是「我」，沒有「你」，如果表達中出現任何的你，就不是我訊息的表達法。

　　為何要聚焦在「我」？因為感受是自己的，跟他人無關，如果用「你」字眼會有指責的感受出現，不容易達到良好溝通的效果。

　　我訊息要如何表達呢？下面的句型可以給大家參考：

當我看見／聽到⋯⋯

我感覺⋯⋯

因為（對我的影響）⋯⋯

我希望⋯⋯

例如：

1. 公司對話

　　當我聽見會議中你提到不理解我的做事方式時，

　　我感覺很受傷，

　　因為我是很認真的，用所想到最好的方式在完成這個工作，

我希望未來可以在會議前先做好溝通，讓我們更清楚彼此的想法。

2. 親子對話

當我看見房間這麼凌亂時，

我感覺非常不舒服，

因為這樣的環境，會讓我不知該如何開始整理，

我也擔心，在這樣的環境下會無法專心讀書，

我希望我們可以商量一個讓房間不這麼凌亂的辦法。

這兩個我訊息對話希望能讓讀者感受到，它是不指責的、為自己感受負責的對話方式，同時它也是有建設性的，因為最後的「我希望」會提出建設性建議，邀請對方共同處理未來的狀況。

模式的覺察

在達真會教兩種模式的覺察，一個是溝通模式，一個是觀點模式，都是在 PCC 教練課程才會教。為何在 PCC 課程才教？因為模式的覺察需要比較深的覺察能力，在 ACC 三個月的階段，還無法發展出這樣的聆聽與覺察能力，比較能做到的是前面所提的目標、感受與想法的覺察，讓我們先談溝通模式的覺察。

溝通模式

溝通模式的覺察，達真運用薩提爾的應對模式，這種模式又稱為「生存模式」，特別是指在高壓下求生存的本能反應模式。應對模式談到的溝通有三個要素：自己、他人與情境（目標），我們一

一般人在壓力下的溝通很少會照顧到三者，通常只照顧到一或兩個，甚至有三者都不顧的模式。要察覺自己這樣的溝通模式很不容易，因為它是在高壓下的自動化反應，是自己比較無法控制的狀態，薩提爾的目標是讓我們走向一致，也就是照顧到自己、他人與情境的狀態。

請各位看完下面的介紹後，找一個自己最近很有情緒的溝通案例，反思一下自己是什麼模式？有沒有可能改變這個模式到一致？

現在先來介紹幾種高壓下常會看到的模式：

1. 討好模式

在這個模式裡，客戶只會照顧到他人與情境（目標），不會照顧到自己，請參考下頁圖跪著的那位女性。

感性或敏感度很高的人，常會使用這種模式來溝通，討好模式的優點是這樣的人很得人緣，因為他們會討好對方，對方要什麼他們都會盡力滿足，對方的目標他們也會盡力做到。

但是這樣的人會活得很辛苦，他們完全沒有照顧到自己內在的感受與需要，我們看到很多傳統的家庭主婦，為孩子、丈夫付出一輩子，從來不為自己設想，就是這種溝通模式。

這樣的人在高壓有衝突的狀態下，會用下跪乞討的姿態，看著對方，雙手向上，經常的語言是：都是我的錯。下面右方的圖形，標出來這種溝通模式的自己／他人與情境的滿足狀況；討好型的人是完全沒有自己，只有他人與情境的。

討好　指責

沒有自己，只有他人與情境

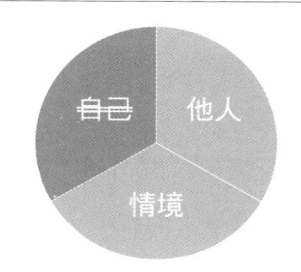

~~自己~~　他人　情境

2.指責模式

用指責模式溝通的人，他只在意自己與目標（情境），完全沒有顧及他人的感受，上圖中男性的姿態，就是指責模式的溝通姿態。這樣的人的優點是很有自信，使命必達，但是因為他不會同理對方，會影響團隊的向心力，也讓溝通對象覺得壓力很大，無法被理解。東方文化的傳統式領導者，通常是這種溝通模式。

我們會看到一些領導人，是用這樣的方式在溝通的，他們經常的語言是：「照我說的做就好了！」、「事情不就是這樣嗎，有什

只有自己與目標，沒有他人

自己　~~他人~~　情境

麼好討論的？」

3. 超理智模式

超理智模式是工程師或用腦工作的人較常見的模式，尤其是男性，在壓力下用這個模式溝通，他在意的只有情境，完全沒有照顧到自己與他人的情緒。這樣的人在東方文化裡也很常見，是一種「就事論事」的態度，辦公室也常有這樣的說詞：「公事公辦」、「只講理，不講情」等。

下面圖中的女性，是超理智溝通時的姿態與對話的方式，他們常用的語言是「請你依照規章辦事」，這樣的人的優點是講道理、條理分明，如果能用道理說服對方就很容易溝通，但是這樣的人因為只照顧到情境，沒有與自己的感受接觸，也不會同理對方，讓人覺得冷冰冰的，不容易連接，而這樣的人因為長期在壓力下，沒有照顧到自己的感受，與人隔絕，會處於孤單與疏離的狀態，這對於一個人的身心健康發展也非常不利。

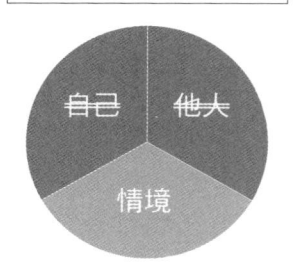

4. 一致的模式

以上介紹的，只是眾多模式中的三種，我在教練時也常常看到只有自己、沒有他人與情境的模式，或者三種都沒有照顧到的模式，不管我們的教練對象是屬於哪種模式，教練的目標都希望引導對方走向一致，而那是我們本來就存在的一種狀態。

什麼是一致的模式呢？就是我們在高壓下的溝通，能照顧到自己、他人與情境的一種應對方式。這時候自己的情緒是平穩的，內在感受和諧，自我價值是高的，身心都處於健康的狀態，我們跟他人也會有真實的連接。

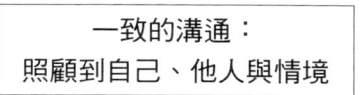

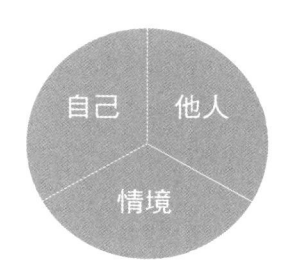

一致的溝通：
照顧到自己、他人與情境

自己 ｜ 他人
情境

教練對話範例

下面這個教練對話，讓客戶能夠覺察她的模式，同時開始邁向一致。為保護客戶隱私，客戶代號為 J，教練代號為 M。

M：今天想要談談什麼議題呢？

J：今天想要討論我跟我姑姑的一個衝突事件。事情是這樣的，前幾天我跟老公與姑姑討論她剛買新房子，正在裝修的事情，姑姑說她現在正在大做裝潢，但是她沒有跟鄰居打任何招呼，於是我馬上給她建議，說她應該要去拜訪一下鄰居，送點小禮物，並告知裝潢動工可能會吵到鄰居，請鄰居包容，否則將來搬進去住，鄰居可能會不高興。沒想到，姑姑聽完大發雷霆，說我是烏鴉嘴。我當時被嚇到了，立即閉嘴不再討論這件事。我想要討論一下，如何讓我的好意可以被對方收到。

M：我想了解一下，當時妳的行為是立即閉嘴，那時候感受到什麼？

J：我被嚇到了，然後覺得很委屈。

M：當下妳有照顧到自己的委屈嗎？

J：……沒有。

M：妳的目標是希望幫助姑姑，讓她搬進新家後一切順利，是嗎？

J：是的。

M：在那個被呵斥的當下，妳有顧及這樣的目標嗎？

J：沒有耶，我被嚇到了。

M：我再好奇一下，當下妳有同理姑姑的感受嗎？

J：也沒有，我自己都很委屈了，怎會顧及她？

M：對於這樣在高度壓力下，妳的應對模式——沒有照顧自己，也沒有照顧到目標及對方的情緒，是經常發生的嗎？

J：（沉默片刻）……是的，這好像是我的一個模式。

M：妳想要改變它嗎？

J：當然想呀，否則今天不會來找教練。

M：那妳願意做一個實驗，先體驗如何照顧自己嗎？

J：好呀！

M：邀請妳回到那個當下，姑姑正在咆哮，妳被驚嚇到，也很委屈，請妳感受這樣的自己，照顧一下這樣的自己……，照顧了自己嗎？

J：照顧到了（雙手護心）。

M：現在請妳感受一下那個樂於助人的、熱心的、想要照顧姑姑的J，感受到了嗎？在身體的哪裡有感覺？

J：心這裡覺得熱熱的（臉上開始有笑容）。

M：請跟這樣熱心助人的自己在一起一下（停頓幾秒鐘），邀請妳帶著這樣的自己，回到當天的現場，現在姑姑正在咆哮，妳覺得她為何會這麼生氣呢？

J：我想她應該壓力很大，因為有房子的貸款要付，還有裝

> 潰費⋯⋯
>
> M：很棒的同理耶！那妳覺得她需要什麼樣的協助呢？
>
> J：她應該是只想我們的陪伴與支持，不要給那麼多意見，因為她的壓力已經很大了。
>
> M：很棒的看見。那妳會怎麼同理她呢？
>
> J：我會跟她說：妳最近一定壓力很大，對吧？我們要如何協助妳呢？
>
> M：我看到一個不一樣的J出現了，很大的轉變，很棒！我想知道這個轉化發生的原因？
>
> J：主要是我剛剛跟自己的內在情緒有了接觸，當教練帶我看到真正的自己——那個熱情與助人的自己時，我開始有了力量。
>
> M：很棒！那我們再來看一下今天的目標，妳希望自己的好意能被姑姑接受，妳覺得達到了嗎？
>
> J：我覺得達到了，我現在知道不是用我的方法來讓對方接受我的好意，而是要用對方需要的方式來接受我的好意。我的雞婆，不見得符合對方的需要。謝謝教練！

以上是一個簡化版的教練對話，想讓讀者了解，每個人都可以邁向一致，主要是我們要能覺察，而教練是能夠協助你產生覺察的助力。

觀點模式

　　什麼是觀點模式呢？在薩提爾理論中的名稱是「僵化的觀點」，意思是我們有一些觀點或想法是固定與僵化的，不容易改變，而這些觀點會無形影響我們的行為，所以必須要覺察。

　　常見的僵化的觀點有哪些呢？例如：做事一定要完美、孩子一定要聽話、人一定要負責任、每個人都應該要有信仰、做事不可以偷懶等。這些觀點不是不好，而是一旦它形成了僵化——應該、一定要、必須、絕對不可以等字眼出現時，我們就少掉了選擇，無法看到其他可能性，讓自己或他人失去自由；這就是為什麼僵化的觀點必須要在教練裡探討的原因。

　　僵化的觀點有哪些特質呢？我們通常認為它是**永久**的，適用於過去、現在、未來，永遠不變；它也是**普遍的**，對任何人都適用，而且它也是**唯一的**選擇，例如：每個人都要有責任感，它沒有例外，是唯一的選擇。介紹到這裡，讀者應該感受到僵化觀點的制約與壓迫感了吧？

鬆動僵化觀點

　　為何一定要鬆動僵化的觀點呢？你可能會覺得，我這些觀點很好呀，為何要改變？其實鬆動還是為了自己，當我們覺察自己的情緒事件時，一定會在背後找到一個或甚至不只一個僵化的觀點，我們把自己當成金絲雀一樣，困在這些觀點的牢籠裡，讓我們無法自由。當然，如果你覺察到了這些觀點，但是決定不改變，這仍然可以是自己的選擇，重點在——要先覺察。

如何鬆動僵化的觀點，讓自己有更多的選擇呢？在教練過程中，當客戶進行鬆動僵化的觀點時，常常聽到客戶分享感受到身心的輕鬆與自由，問題可以迎刃而解。下面介紹兩個鬆動的方法，讀者可以自行嘗試，或找教練協助你。

1. 替代法

替代法的主要精神是找出至少三個其他想法，來替代現有想法。做法如下：

1-1 找一個情緒事件，從中找出你的「應該、一定要、必須、絕對不可以」的僵化觀點。

例如：最近看到交辦給下屬的工作，她都沒有按時做好，我很生氣。這個生氣，是因為我認為「**每個人都應該要當責**」，這個就是我的僵化觀點。

1-2 找出這個僵化觀點的優缺點，例如：「每個人都應該要當責」的優點是每個人都會信任我，放心把工作交給我，團隊也合作愉快；缺點就是無法容忍他人不當責，造成自己不開心，他人的壓力也很大。

1-3 體驗這個僵化的觀點。說出這個僵化的觀點，聽並感受這個觀點帶給你身體與情緒的影響。當我說出「每個人都應該要當責」時，我感受到頭很脹，情緒激動，身體熱熱的。這些身體的訊息其實都是在對我說話，頭腦叫我要放鬆，激動的情緒讓我要做三次深呼吸。

1-4 找三個例外的想法，當什麼狀況發生時會不需要當責？

例如：上面的僵化觀點是「每個人都應該要當責」，三個例外

的想法要從自己的經驗出發。我自己有沒有任何不當責的經驗？它們可能是什麼情況？為了讓大家多些體驗，我寫下五個例外：

(1) 當我身體不舒服時，可以不當責。

(2) 當我能力不足時，可以不當責。

(3) 當對方不值得我付出時，可以不當責。

(4) 當我有其他更重要的事情時，可以不當責。

(5) 當這件事不重要時，可以不當責。

1-5 從三個例外想法中，找出一個你感覺可以替代原來僵化觀點的想法，注意這三個想法你都要好好感覺一下，包含用身體來感覺，最後再決定用哪一個來替代，身體愈覺得不舒服，愈應該用這個觀點替代，因為這是跳出你舒適圈的想法，值得嘗試。我會選擇「當我能力不足時，可以不當責」。

1-6 為這個新觀點命名，感受它。我會命名「承認不足」，感受這個「承認不足」，我身體是虛弱的，很需要別人幫助，感覺有些羞愧。

1-7 用這個新想法來面對現在的議題，我的下屬可能也是能力不足，她正處於羞愧的狀態，我應該要幫助她成長。於是我的行動方案會是找她好好聊聊，請她告訴我需要什麼樣的幫忙，訂下訓練計畫，提升她的能力。

以上的說明，期待能帶給大家一些啟發。這個練習有教練帶著做會更好，因為我們通常不容易看見自己的模式與僵化的觀點，透過教練的專業，他／她可以聽見你的卡點，跟你核對，同時引導你走出自己設定的框架。

2. 渴望法

轉化僵化的觀點，另外一個做法是找到客戶的渴望，從渴望的滿足來改變觀點。這個做法難度比較高，因為教練與客戶都必須知道自己在觀點背後的期待與渴望是什麼。但是這個轉化法探索得比較深，比較容易讓客戶徹底轉化，而非只從行為／想法面來轉化。

教練法的流程如下：

2-1～2-3 同上法。

2-4 探尋客戶在僵化觀點背後的期待與渴望。以上面的案例，每個人都應該當責，客戶對自己的期待可能是成為一個可以被信賴的人，而這個期待背後的渴望可能是**被接納**或**被肯定**。

2-5 找到滿足渴望的方法。如果客戶要的是被接納，那麼有沒有其他方法可以讓客戶感覺被接納？邀請客戶思考。

2-6 挑選替代觀點、感受，用替代觀點來面對客戶的議題。

2-7 請客戶說出他的行動計畫。

教練對話案例

下面是用渴望法做教練的案例，客戶是 J，教練是 M，客戶的議題是「如何很坦然地開口，跟朋友約時間做教練會談」。

M：今天你帶來的議題是什麼呢？

J：最近學完了教練，想要用教練來幫助朋友，但是朋友很

不習慣我的改變，當我提出來時，他們會說：「哎呀，不用啦，我們就輕鬆聊聊就好了。」所以，我今天想要談談，如何很坦然地跟朋友開口談教練，同時要約到時間。

M：這件事為何對你這麼重要呢？

J：我看到有些朋友一直出現老問題，總是在這個輪迴中，所以想要用教練有效地幫助他們。

M：很棒呀！你有一顆助人的心。我想請教一下，剛剛聽到朋友好像覺得他們不需要被教練，只想跟你聊天，對嗎？

J：對，最近這個朋友，他其實只想跟我抱怨，以往我會跟他一起罵一下，他就很高興地離開了。

M：所以聽起來，你的需要，跟朋友的需要不一樣，是嗎？

J：（思考了一會）對，好像是……

M：我剛剛也聽到你有一個觀點，好像是「我應該要用教練來幫助朋友」，是嗎？

J：是的。

M：這個應該有多強？

J：大概有 8、9 分喲，如果 10 分是滿分的話。

M：我邀請你感受一下這句話：「我應該要用教練來幫助朋友」，感受到了什麼？

J：覺得脖子、肩膀、上半身都很緊。

M：你的情緒是什麼呢？

J：感覺被制約了。

M：在這個「我應該要用教練來幫助朋友」的想法裡，你對自己有什麼樣的期待呢？

J：（思考了很久）我期待自己能夠學以致用，所學一定要用出來。

M：學以致用的你，有效地幫助到朋友，能獲得什麼呢？

J：（想了幾秒鐘）可以讓我過有意義的人生。

M：很棒，很棒！原來你渴望有意義的人生。那麼如果我們回到今天的議題，要找到「有意義」地幫助朋友的方法，你會有哪些不同的想法呢？

J：陪伴很有意義，給建議也很有意義，要看對方的需要，有的朋友是需要建議的。

M：還有嗎？

J：適時地提醒也很有意義，在朋友陷於輪迴的問題中時，我如果能夠適時地提醒他，其實對他也是很有幫助的，而這個提醒也包含教練在裡面。

M：很棒，我看到你的視野整個打開了。上面這三個新想法，你想用哪一個來替代「我應該要用教練」來幫助朋友呢？

J：我想用最後一個，適時地提醒，這個想法要用到教練的覺察力，當我提醒朋友時，可以順便問他們是否需要被教練？

M：邀請你感受一下這個觀點：「我想要適時地提醒朋友，不要陷入輪迴的煩惱中」，感受到什麼嗎？

J：現在身體放鬆多了，身體的緊張不見了。

難行能行

> M：你的身體敏銳度真的很高！我們再回頭看一下，今天的議題是要坦然地說出來，現在這個坦然如何了？
>
> J：我覺得自己可以很坦然地說出這個提醒，有必要就跟朋友約教練的時間。
>
> M：我看到你整個表情都是放鬆的，臉上也開始帶著微笑，果然是很坦然。接下來，你會如何落實今天的學習與發現呢？
>
> J：我會把教練的意義與對朋友可能有的幫助寫下來，文字對我很重要。這些文字，我會放到臉書與朋友分享。我也會在適當的時候，提醒朋友他又陷入同樣的問題迴圈裡了，並且問他是否需要一個正式的教練會談，另外約時間。
>
> M：很有行動力，很棒！請問一下今天的議題，你覺得解決了嗎？
>
> J：是的，解決了，感謝教練。

上面這個教練案例，希望能夠幫助大家更了解僵化觀點模式要如何破除。

接下來，我來介紹一下「小我」的期待與渴望。

期待與渴望的覺察

在薩提爾的冰山理論裡，期待分為對自己的、對他人的，以及他人對自己的，而渴望是普世不變、每個人都擁有的，當我們看清楚這些期待，並且找到背後的渴望，直接滿足我們的渴望，很多煩

惱就解決了。這裡分享的教練的期待與渴望的滿足方式，與薩提爾不完全相同，這也是達真多年教學的學習，在這裡與大家分享。

期待

期待的定義到底是什麼？它是一種**心理預期**，是個人對未來某種特定結果的預設或假定，往往帶有一種「應該要發生」的情緒。它包含來自他人（社會、家庭、職場）的標準、對自己的要求或標準，以及自己對他人的要求或標準。

期待的特色是有特定目標或結果，例如：我想要成為更激勵的領導人（對自己的期待）、我希望下屬能準時交報告（對他人的期待）、父母希望我在 30 歲前成家 （他人對我的期待），這些都有具體結果的要求，對自己的期待部分，也可以是一個協助客戶目標設定的方法。

期待沒有達成時，常常伴隨著評價（失望、挫折等），對他人的期待通常與控制有關。身為老闆或父母，要自我覺察一下這些對他人的期待，如果能夠將這些期待轉化成對自己的期待，那麼公司與家庭的氛圍都會改善很多。

例如：父母期待孩子能名列前茅，考上臺大、清大、交大，這會給孩子非常大的壓力，也沒有考慮孩子的喜好。如果轉化成對自己的期待，父母可以問自己的是：「我如何影響孩子，讓他想要考上臺大、清大、交大？」這樣父母想要的控制就比較能掌握在自己手上，也比較不容易失望。

渴望

渴望是來自內心深處的真實想要,是一種純粹的動機、呼喚或熱情,和當下的自我價值、夢想、人生意義有關。渴望也可能透過期待來表達,例如:我想要成為更激勵的領導人,我的渴望可能是被認同與被肯定。在教練裡,渴望通常需要探尋,這是客戶最深層的部分,通常連客戶也不清楚自己的渴望是什麼,比較清楚的是他的期待。

渴望的特色是比較接近核心的自己,動力來源是內在,不一定是來自他人的期待,比較具有深層的驅動力。

期待與渴望的區別

分類	期待	渴望
來源	頭腦:來自信念、比較、價值判斷	心:來自內在呼喚、生命經驗、存在狀態(Being)
對象	往往指向**具體結果**(可預期、可計劃)	常指向**內在狀態**(愛與被愛、自由、被認同、被接納、有意義、有價值、安全感)
情緒	期待常伴隨**焦慮、掌控、落差感**(若未實現)	渴望若未實現,會產生**空虛、痛苦,甚至執著**
實現方式	依賴行動與計劃,常有時間性與標準	需靠自我探索、教練探索、自我覺察與經驗來實現

小我

教練對話案例

下面這個案例,說明教練如何運用期待與渴望法來解決客戶的困境。

案例說明:客戶 M 是一位中階主管,被他的主管要求接管一個新團隊,而這個新團隊開發的產品與技術是客戶不熟悉的,人員也都不熟悉,客戶很擔心自己無法被新團隊接受。教練 C 與客戶 M 的對話如下:

C:今天你想要談的議題是什麼呢?

M:我最近有一個困擾,就是主管把一個我很不熟悉的領域的團隊整個掛到我底下,我一直覺得,好像應該要很熟悉那個領域的技術才能夠帶領這樣的團隊,我現在就是卡在這邊,有點不知道該怎麼辦。

C:你對這件事感覺如何呢?

M:我覺得有一些焦慮,就是我不懂這個領域,怎麼帶這個團隊?這些團隊的人會不會覺得我很蠢,他們講什麼我都聽不懂,然後會有一些擔心,我能夠帶好這個團隊嗎?

C:我很能夠理解你的焦慮與擔心,那你對自己的期待是什麼呢?

M:我覺得被賦予這樣的責任,其實某方面是開心的,覺得這應該是一種肯定,所以希望自己可以滿足主管對我的期待,

然後能把這件事做好。那某方面我自己覺得，現在帶團隊的方式是我很喜歡的，團隊的組成我也很喜歡，可是因為新團隊的人不是我招募進來的，新團隊現在也有自己的小主管，所以變成說其實我要管的是這個小主管，跟他底下的這些人，這樣的運作模式我沒有經歷過，所以會有一些些害怕是：帶這樣的團隊，我該怎麼樣做比較好？然後，怎麼樣可以讓他們願意接受我是他們的主管？

C：所以你期待自己能把這個團隊帶好，滿足主管與新團隊成員的期待，是嗎？

M：是的。

C：在「把團隊帶好的期待」下，你希望得到什麼呢？

M：我希望能夠得到老闆的肯定，也希望被新成員接納。

C：很棒的自我期許。今天的會談結束時，你希望得到什麼結果呢？

M：我希望能找到一些可以嘗試的方法，讓我相信自己有能力帶這樣不一樣的團隊。

C：所以你想要找到相信自己的方法，是嗎？

M：是的。

C：如何知道你找到了**相信自己**的方法呢？

M：如果有辦法打破，原來覺得一定要很懂這個領域的知識才能夠帶他們的想法，或者是有一些可能可以嘗試去做的方式，可以實驗看看的東西，我覺得這兩樣都是可以的。

C：我感覺到你的勇氣與想要自我突破的想法，很棒！相信自己為何對你那麼重要呢？

M：因為我每天都在擔憂，覺得對事情沒有幫助，我過去也有成功的經驗，把目前這個團隊帶得很好，所以我應該要相信自己，但是我就是會擔心很多，很怕會犯錯，也害怕風險，未知對我而言是風險。

C：所以我聽到你很重視**平靜**的心情，也需要**安全感**，是嗎？

M：是的，我很擔心做不好被 fire 掉。

C：接下來，針對你想把新團隊帶好的這個目標，你想要增加自信，我們要從安全感來談，還是被肯定、被接納來談呢？

M：從安全感來談好了，因為我的擔憂真的還滿多的。

C：好的，我們來做一個體驗好嗎？

M：好的。

C：我邀請你感受一下過去成功帶好現在這個團隊的你，你是安全的，也被所有成員接納，老闆也很認可你，雖然一開始你也很擔心，但是現在證明你是可以做到的，感受一下這個安全的你，身體哪裡有感覺？

M：心覺得溫暖，頭腦也熱熱的，感覺組員圍繞著我，他們是我的防護網，老闆也看著我微笑，我非常地安全。

C：請你感受一下，這個安全的力量是從哪裡來的？

M：從我的夥伴，以及我自己內心。

C：很棒的覺察。請你再跟這個安全的自己在一起，感受一

難行能行

下它的力量⋯⋯當你準備好了，就可以慢慢地打開眼睛。剛才這個體驗，你對自己有什麼學習與發現呢？

Ｍ：我的學習是：原來我是自己嚇自己，我身邊本來就有那麼多資源，大家都很支持我，我也是有能力帶團隊的，不要再自己嚇自己了，有些東西可能不存在，或者是它可能還沒有發生、或者不會發生，我可能有時候真的想太多了。我應該先關注在當下擁有什麼，或實際上遇到的狀況，哪些人、哪些資源可以幫我。

Ｃ：不要自己嚇自己，很棒的看見。你會如何應用今天的學習到我們的議題上呢？

Ｍ：我要早一點找新團隊成員聊，了解他們的期待，另外也會跟他們說明我帶團隊的方式，問問他們的想法。老闆這邊，我也可以跟他聊聊，為何他都不擔心我的能力，詢問一下他有沒有什麼建議，讓我可以快速掌握狀況。

Ｃ：太好了！請問，你覺得今天找到相信自己的方法了嗎？

Ｍ：是的，我找到了，就是不要自己嚇自己，我有太多的假設，其實我是可以給自己安全感的，我也有很多資源，安全感一直在我身上。

Ｃ：那你準備如何應用今天所學，在未來碰到不確定的事情上呢？

Ｍ：我準備每天感受一下這個安全的自己，像教練今天帶我的過程一樣，我想把我看見的那個圖像請 ChatGPT 畫出來，每

> 天看著它、感受它,我的安全感應該就會提升,未來就不會這麼怕不確定的事情了。
>
> C:謝謝你 M,讓我跟你一起經歷了這麼棒的轉化,我也感受到你能量的提升。請問,在這個議題上,還有什麼需要我協助的嗎?
>
> M:沒有了,謝謝教練!

這個教練案例,希望大家可以看到渴望教練法的力量,如果我們每個人都能經常覺察自己渴望的是什麼,自我滿足了這些內在渴望後,我們會感受到平靜、愉悅,不再向外追求他人的評價與看法,這樣的小我可以過一個更自由的人生。

目前已經介紹完所有小我可以改變的方式,從行為,到感受、模式,最後介紹了期待與渴望,希望大家可以找機會練習這些方法,也期待大家因為這些練習,讓自己的人生更快樂。

反思與行動

反思提問：

1. 我的行為與目標一致嗎？如何覺察自己的一致或不一致？
2. 我在壓力下的溝通模式是哪一種？
3. 我有哪些僵化的觀點，是需要自己覺察與看見的？
4. 在內心深處，有什麼未被看見、但其實一直在影響我的渴望或恐懼？

行動計畫：

1. 冰山日記：在未來一週，每天記錄一件讓你情緒起伏的事件，並寫下它的冰山六層（行為、情緒、想法、模式、期待、渴望）。
2. 選擇新回應：觀察某個慣性或模式出現時，試著用本篇提及的方式改變你的回應方式，或找一位教練協助你。

大我

大我（Greater Self, Higher Self）指的是更高層次的自我意識，超越個人經驗與身分的限制，是一種內在本源、整體意識與連結的狀態。它不是「角色」的自我，而是存在本質（Being）的狀態，是一種內在與外在連接的慈悲、智慧的展現。

大我的特色是：我們會意識到自我只是整體的一部分，有**連結與合**一感，當連接到大我時我們的內在更穩定，不容易被自己的情緒或想法影響，懂得欣賞與接納他人與自己的不同，更能夠同理、給予愛與關懷。大我的行動來自於內在的召喚，而非外在的認可。

小我與大我的關係是，小我是限制性的存在，有限制性的想法、情緒、期待、渴望等，幫助我們在現實生活中存活與適應。大我是存在的本質，幫助我們看見更大的可能。在成長的過程中，我們不是要消滅小我，反而是要整合小我，連接大我，讓我們增加覺察，看到更多的選擇。

大我教練

我在做高階主管教練時，大我教練是一個非常有效的工具，它簡單，容易進入，客戶的感受也非常深刻。大我教練比較適合視覺化的學習者，如果客戶不屬於視覺化學習的人，引導的方式要做一

些修改。

大我教練的重點，是讓客戶進入他的本質——大我，這個大我用大自然物來引導最合適，因為只有大自然是無私與合一的，例如：陽光，它不計較地給予，滋養萬物。當我們連接到大自然物，也是最深層的自己，會讓我們受到啟發而轉化。

大我教練達真使用的是 4F Model，以圖形簡單解說如下：

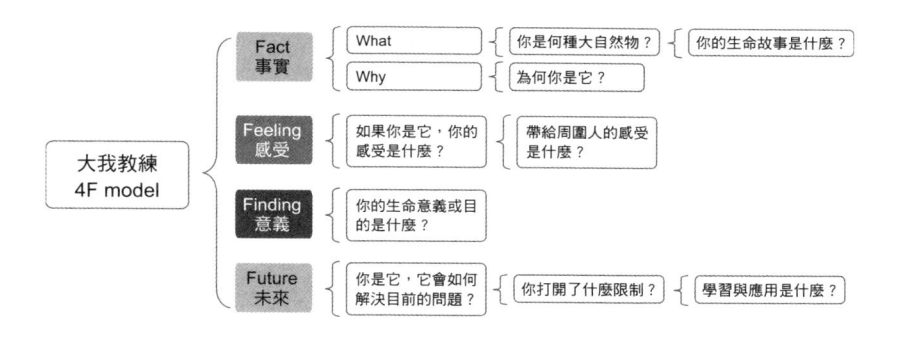

```
                  ┌ Fact    ┌ What  ┐─┬ 你是何種大自然物？ ┬─┬ 你的生命故事是什麼？
                  │ 事實    └ Why   ┘ └ 為何你是它？       ┘
                  │
                  │ Feeling ┌ 如果你是它，你的 ┐─┬ 帶給周圍人的感受
大我教練          ┤ 感受    │ 感受是什麼？     ┘ └ 是什麼？
4F model          │
                  │ Finding ┌ 你的生命意義或目
                  │ 意義    └ 的是什麼？
                  │
                  │ Future  ┌ 你是它，它會如何 ┐─┬ 你打開了什麼限制？ ┬─┬ 學習與應用是什麼？
                  └ 未來    └ 解決目前的問題？ ┘
```

下面的教練對話，會讓讀者更清楚大我教練的方法，大家可以發現一旦客戶連接到「大我」的自己，整個身心的轉化與不同。

教練對話案例

案例說明如下：客戶 J 是一位中階主管，他對於團隊成員答應的事情老是沒做到覺得很生氣，他認為這個人不守信用，而守信用是他很重要的價值觀，他希望教練協助他不要對人貼標籤，讓他可以跟這位夥伴繼續合作。教練代號 S，客戶代號 J。

S：請問 J 今天帶來的議題是什麼？

J：我有一個組員，他答應我一些事情，結果到了時間以後，兩手一攤，沒有做成。幾次之後，我就把他貼標籤了，覺得他不守信用，然後下次遇到這種情況，他講什麼我就都不太相信他。而這次的案子我又必須跟他合作，這樣子我很難跟他繼續共事下去。所以，我想請教練協助我鬆動一下「人一定要守信用」這個觀點。

S：嗯～我可以感覺得到，守信用在你身上真的是一個很強的特質。那今天有 30 分鐘的時間，你希望最後可以帶走什麼？

J：我希望這件事情不要再困擾我啦，希望用比較平衡一點的眼光來看這個人。

S：嗯，更平衡地看待這個人。那如果是不守信用這個議題，你能更平衡地看待這個人，對你的意義是什麼呢？

J：就是我可以比較一致一點，然後能更公平客觀地看待他的需求，可以比較心平氣和。我覺得重點是，接下來該如何幫助他吧！

S：這裡面對你來說最重要的是幫助這個人嗎？還是剛剛講的一致、心平氣和、公正客觀？這四個裡面，哪一個對你來說是最重要的呢？

J：我覺得若要幫助他，一定要能先心平氣和地看待他，去了解他和這背後的原因是什麼。

S：好棒，所以希望自己可以更心平氣和，然後之後就能幫

難行能行

助他。那你要怎麼衡量 30 分鐘後我們可以達到這個目標，讓你更心平氣和地去看待這個人？

J：嗯，我覺得如果 30 分鐘後我可以看到類似一個畫面，這個畫面只要我想到這樣子的人，感覺到自己的情緒之後，我可以把這個畫面叫出來，調整自己。

S：要怎麼知道你找到了自己要的畫面？

J：如果說有一個比較清楚的畫面是讓我有感覺的，這個感覺是如果我遇到類似狀況，發覺自己在生氣的時候，回想這個畫面就可以很快心平氣和地對待這個事情。

S：那 J 我想邀請你體驗一下剛剛提到的這個事件，就是回到那個當下，在那個事件裡，你生氣的情緒跑上來了，看著那麼不守信用的人，可以跟我分享一下，在這個事件裡，你有什麼樣的身體感受嗎？

J：就是胸口很悶，整個肩膀到胸口的部分很僵硬。

S：還有嗎？

J：好像還有一股氣要往頭上衝，然後整個腦子脹脹的。

S：你有很棒的覺察能力，目前哪種感覺是你特別在意的？

J：胸口很悶的感覺。

S：好。那 J 我可以邀請你再做一個體驗嗎？如果今天你是大自然裡面的一個東西，你覺得那會是什麼？

J：水。

S：是怎麼樣的水呢？

J：應該是一片海洋的水。

S：可以請你描述一下這片海洋嗎？

J：它很寬廣，是有波動的，旁邊有沙灘、有風；在海洋裡面也有魚啊，鯊魚啊、鯨魚啊，天上還有海鷗在飛。

S：為何你覺得自己是這片海洋呢？

J：因為我覺得自己是寬廣的，可以包容的。

S：很棒，我可否好奇請問，如果去想像這片海洋它一天的生活，會是什麼樣的故事？

J：一天啊，早上就太陽出來的時候，我的顏色會跟著變，然後從本來是有點黑暗的放光明，陽光照在我身上，旁邊就有一些魚啊；到中午陽光很熾烈，反映出來就是波光粼粼，然後漸漸地在我旁邊玩的人愈來愈多，水裡的魚在游，甚至海上還有船，很多的活動；到了晚上以後，附近可能有燈塔照在我身上，甚至還有月光灑在我身上。

S：好棒喔，感覺到豐富與包容，你是這片海洋，你有什麼樣的感覺嗎？

J：我覺得那是一種……還滿平靜的，然後有一種廣大跟包容的感覺。

S：嗯，廣大跟包容。那你覺得這片海洋帶給周圍人或事物什麼樣的感覺？

J：那個感覺是：我是廣大的、取之不盡的，那你是可以在我周圍或裡面，很自由跟很自在地獲得你想要的東西。比如說

在玩的人，在沙灘上的人就只是在沙灘上看著我，就可以感到那份愉悅或放鬆。那如果是水裡面的魚就可以在其中悠游，或者人在裡面游泳我都可以包容，都可以接受。

S：好棒喔，廣大跟取之不盡的，請問這片海洋，它的生命的意義是什麼呢？

J：我覺得那個意義就是包容跟給予。就是來靠近我的人就會感受到那個寬廣跟平靜，可以取得他想要的東西，像魚在裡面游泳或覓食啊，有些人可能是想游泳或是想放鬆、捕魚啊，各種不同的需求，我好像都有這個能力可以給予耶！

S：現在邀請你再次進入這個「包容」與「給予」的海洋……，感受一下它的力量，感受到了嗎？

J：嗯。

S：我們回頭來看今天的議題，你是這個包容與給予的海洋，有什麼新的啟發嗎？

J：嗯～我覺得我應該是可以接受，我是海洋，我是水，針對不守信用的這個人，其實他就是接近我的生物之一，我應該會有這個寬廣的心態去對應他，給予他他的需要。

S：我剛剛發現你在回答之前，有一個微笑跑出來，我滿好奇這個笑容是什麼？

J：這個笑容是因為我找到答案了。之前困擾我的事情是：他為什麼一直都不守信用，講好的事情都不做，那我是海洋的話，我應該是先接納他、包容他，之前那個接納一直不存在。

先接納這個人，然後再對他產生好奇，我現在覺得，已經可以接納這個人了。

S：很不容易的轉變耶！那我很好奇，剛剛那個接納是怎麼跑出來的？J是怎麼做到的？

J：就是想到那個畫面的時候，那個畫面的寬廣，接近我的萬物，當我是海洋的時候，各取所需，我有足夠的空間跟能量，我就是在那邊而已，你可以來要你想要的東西，而我是有足夠豐富的資源可以提供的，我不會拒絕，不論你是黑人白人、大人小孩，任何人，只要你靠近我，就可以得到你想要的東西。

S：J現在感覺如何呢？

J：剛剛那個胸口悶著、有個東西壓著的地方打開了，本來身體上肩膀跟脖子是有一點緊，但是我覺得現在那個緊轉變成比較柔和的力量，就是該反應的時候，還是會有那個力量出來。

S：好棒呀，柔和的力量。

J：溫柔而堅定的力量。

S：溫柔而堅定的力量。所以如果是帶著這個力量的J，針對不守信用這個觀點，你會有一些新的想法嗎？

J：第一個我覺得我可以接納，第二個我可以再對這個人多好奇一點，好奇他背後的原因是什麼，因為我有在學教練嘛，可能試著了解他背後的觀點、原因，我應該是有能力去幫助他的。

S：那剛剛你有提到，希望今天這個對談結束後，能有一個

畫面幫助你更心平氣和，現在這個畫面可以幫助到你嗎？

J：我覺得剛剛那個海洋的畫面非常生動，就是只要看到那片海、想到那片海，就應該可以了。

S：很棒！在未來你遇見不守信用的人，你會如何叫出這個畫面呢？

J：我可以把它放在電腦或手機的桌面上，時時提醒我。

S：在叫出它的過程中，有沒有可能有什麼樣的阻礙？

J：唯一比較可能的就是，那個當下，情緒比較激動。

S：那有沒有什麼方法可以幫助你來克服？

J：除了將畫面放在電腦桌面或手機上，我也可以請其他組員協助觀察，提醒我是海洋。

S：談到這裡，J，你覺得今天的會談達到你的目標了嗎？

J：有耶，我覺得有拿到那個給我力量的畫面。然後可以讓我看到自己是海洋的狀況，就是不用太執著在那個點上，不用直接去評斷他跟我是不一樣的人，我應該有那種能量跟寬廣去接納他。

S：今天你最大的學習是什麼呢？

J：我覺得最大的學習還是先接納，接納讓我把心的寬度打開，讓寬廣的感覺先進來。

S：太好了！請問J，針對今天的議題，還有沒有什麼你需要協助的？

J：沒有了，我覺得很好，謝謝教練。

上面這個教練對話，是運用 4F Model 的一個大我教練，關於大自然我，達真學員的內容非常五花八門，有人說他是石頭、泥土、玫瑰花、松樹、山、水、玉米等，光是水，就有非常多的選擇，有些學生說她是清澈的水，有些學生說她是沖刷的瀑布，每種大自然物跟每個人的連接都不同。請大家找到自己的大自然物，同時問問自己，你為何是它？找到你與這個大自然物的連接是重要的，當有了連接，未來進入這個大自然物的大我，就會更加容易。

反思與行動

反思提問：

1. 我最近一次真正感覺「與他人」或「與大自然」連結是什麼時候？當時我感受到什麼？
2. 如果我是大自然物，我是什麼？為什麼？
3. 當我遇見困擾的人事物時，進入大自然物的我，會有什麼不同的體驗？

行動計畫：

1. 與大自然對話：找一天花 30 分鐘，與一棵樹、一朵花、一塊石頭靜默共處，並寫下你從它身上學到的一句話。
2. 連結行動：主動對一位你不喜歡的人，用大自然的你，送出一句真誠的關懷或感謝，觀察你心中的變化。

無我

談到「無我」（No-Self），東方古老的哲學，像老子、莊子及佛法都有比較到位的解釋，反而在西方，這方面的知識直到量子學與腦神經科學開始研究，才對「無我」有更清楚的說明，這主要是因為西方講究科學的方法，而東方哲學所談比較是科學無法解釋的真理，這裡我會用科學與哲學的方式來解釋一下「無我」，讓兩個領域的讀者都有機會了解「無我」的定義與重要性。

無我的定義

無我的定義到底是什麼呢？簡單地說，無我是說明自我（Self）是不存在的，這個自我，就是前面提到的小我，它並不真實的存在，是一個幻象，它被我們的想法、感受、期待、渴望等控制住了，真正的我，在佛法裡談到的是空性的自己，是廣大無邊的自己，是永恆存在的自己，是清淨的、圓滿與光明的自己。前一部談到的覺察方式，你可能會感受到這樣的自己，那種清淨、光明、廣大的自己。

道家的無我

老子與莊子對於「我」的看法，很值得我們學習，老子談到：

知其白，守其黑，為天下式。
為者敗之，執者失之。是以聖人無為故無敗，無執故無失。

這裡的「無我」談到的是放下執著與對立，以「無為而治」的心態，老子的無我思想強調「無為而治」與「不自見故明」，透過理解對立面之間的相互依存，能夠放下個人的身分和自我，實現無我。

莊子在〈內篇·大宗師〉提到：

墮肢體，黜聰明，離形去知，同於大通，此謂坐忘。

莊子的「坐忘」概念特別強調放下自我意識，尤其要放下知識、身體，進入一種大通達的無我境界。

我個人認為莊子對於「無我」的解釋更勝於老子，不只是要放下執著與無為，還要放下知識與身體的執著，完全地忘記自己，才能夠通於「道」，也就是真理。莊子的說法與佛法對於「無我」的看法非常接近。

佛法的無我

佛法談的成佛，其實就是找到真正的自己——**無上正等正覺**的自己，這樣的自己慈悲與智慧具足，充滿覺察，平等看待萬事萬物，這個自己，是「無我」的自己，是放下一切執著的自己，是不被身體與思想、感受拘束的自己，是沒有任何問題圓滿具足的自己。

照見五蘊皆空，度一切苦厄。——《心經》

凡所有相，皆是虛妄，若見諸相非相，則見如來。

——《金剛經》

這兩句話，是佛法無我精神的體現，如果我們能夠觀照到五蘊——色、受、想、行、識都是假的、空的，那麼所有的苦難、煩惱都會結束，這個觀照，在腦神經科學裡面已經證實了，我會在下面的腦神經實驗裡說明。《心經》在兩千五百年前已經告訴我們這個道理，可惜大家並不真正地相信或有體悟。

我個人在「照見五蘊皆空」有過一些經驗，在這裡分享給大家。有一次，我獨自在家，不知是吃壞了什麼東西，腹痛如絞，感覺自己快死了，那時我靠著念《心經》，慢慢地腹痛就平息下來，接著去洗手間上了幾次廁所，吐出不乾淨的東西，身體就慢慢恢復了。這樣的照見，痛不是痛，真的可以度一切苦厄。

還有一次，我在浴室跌倒，撞到門坎，頭上血流如注，我躺在地上，很虛弱，也發不出聲音叫家人，這時，我想到師父說的「身

體不是我」，我放下對身體的執著，突然就可以慢慢起身。當時因為不知道自己頭破血流的狀況很嚴重，還去沖洗頭部，想把頭上骯髒的東西沖洗乾淨，一開水龍頭，發現流下來的都是血水，這才讓我慌了，趕緊按住頭止血，呼叫家人來幫我。本以為沒事，因為那時雖然虛弱，但是身體的感覺是輕盈的，沒有病痛的感覺，於是我先到診所就醫，沒想到診所說很嚴重，要我到大醫院，於是我才去急診縫了五針。

這次的經驗，也讓我深深體會到「身體不是我」的信念的重要，師父告訴我，如果真的能體會這個道理，那麼到死亡時就不會害怕，就能往生淨土。我也希望大家能真正地相信「身體不是你」，這是《心經》裡的「照見五蘊皆空」，也是《金剛經》談的「凡所有相，皆是虛妄」的實證，如果我當初有任何害怕或對身體的執著，病痛應該就無法那麼快解決。頂峰無無禪師的著作《一大事因緣》裡有更清楚的說明，大家可以買來看看，信念要去體驗才會真正扎根，期盼大家能夠把身體與五蘊的執著都放下。

《金剛經》談到的「凡所有相，皆是虛妄」，就是指現象界一切都是假的。我記得讀過一個故事，是談到哥倫布發現美洲新大陸時，當時的土著完全沒有看見哥倫布的大船要靠岸了，因為他們從不知道船是這個形狀的，大腦無法判斷，就看不見船的出現。

我們的所見所聞，其實都被過去的經驗控制，所以並不是真實的存在，是大腦編出來的故事，譬如：我看見不講理的人就很生氣，是因為小時候家裡租給一位山東老粗，常常欺負我母親，不講道理，於是我現在碰到不講道理的人，不由自主地就會很生氣，這

就是一個「凡所有相，皆是虛妄」的證據，如果我們能「見諸相非相」，不被現象界的所見所聞控制，知道它們都不是真實的，是大腦創造出來的，那麼就能夠「見如來」，見到我們的本性——空空無礙的自己。

腦神經科學

對於「無我」，腦神經科學有一些非常有趣的研究，這些研究結果告訴我們，眼睛看見的、感受到的、聽見到，都是腦神經創造的假象，腦神經是憑著過去的經驗來推斷「事實」；而所謂的事實，其實是腦神經憑著過去的五感經驗做出來的「最佳猜測」。

有時間的讀者，可以看一下 YouTube 上的這個影片，我非常推薦，這是 Anil Seth 博士做的一個 Ted Talk 短講，名稱是「Your Brain Hallucinates Your Conscious Reality」你的大腦會創造現實的幻想（https://youtu.be/lyu7v7nWzfo?si=q-311lQlZ_9alM18）。影片裡做了幾個實驗，一個是關於視覺的，一個是關於聽覺，最後一個是關於觸覺，三個實驗都告訴我們，大腦是憑著過去的經驗（視覺／聽覺／感覺）來做判斷，大腦做出來的是「最佳猜測」，它是一種「控制的幻覺」，大腦接收外界的五感資訊後做猜測。事實上，我們隨時都在幻覺中，包含現在，差別只在當我們同意彼此的幻覺，就會叫它「事實」。Anil Seth 認為，你對「自己」的定義或經驗也是一種幻覺，因為我們認知的「我」，是由五感（五蘊）組成的，

而五感都是大腦做出來的最佳猜測。

關於「身體不是我」是 Anil 在影片裡的最後一個實驗，這個實驗可以自己在家做，只需要一個假橡膠手及一些刷子。在這個「橡膠假手實驗」裡，一支真手會隱藏起來，假手會放在這個人面前，兩隻手（真手與假手）會同時被刷子上下刷，受試者必須看著假手，這時候，有一個人出現，用刀子砍假手，受試者會嚇得立即把真手縮回來。為何我們會認定假手是我們的一部分呢？這是因為大腦透過視覺與觸覺，已經下判斷假手是身體的一部分。影片裡受試者也覺得不可思議，怎麼自己這麼蠢，竟然把假手當成了真手！但是這就是現實生活裡的行為，這個實驗證明了大腦的運作方式，假手同時被看見與被感受到，就已經有足夠的證據讓大腦做出最佳猜測，認定假手是身體的一部分。

我們可以思考一下，有多少行為是被過去的五感所影響？它們根本就不是真的，都是大腦的推測。既然大腦都在欺騙我們，我們要如何找到真正的我呢？這是個大哉問！佛經裡及前面提到的老莊思想，都要我們先放下執著，了解五蘊都不是我，才有機會找到真正的我──空性的、不生不滅的、廣大無邊的我。

無我的重要性

沒有修練無我，不容易體會它的重要，但是生活中的煩惱都是因為「有我」而產生。最近媽祖出巡，我看到三十幾萬的善男信女

跟著媽祖走好幾天，新聞畫面確實很感人，但是仔細思考一下，這些信徒都是有所求而來，生活裡的苦惱、病痛，讓信徒們無法放下，如果他們知道這些都是假的，是自己大腦創造出來的幻覺，每個人都可以成為自己的媽祖，那麼媽祖是否會更開心些？當然，媽祖的信仰力量是我們無法質疑的，要擔心的是祂被有心人利用，回到「凡所有相，皆是虛妄」，如果媽祖是我們一起聯合創造出來的假象，那麼真相是什麼？

練習無我，到底有什麼好處呢？它可以讓我們：

- **進入接納與包容**：無我的人更容易聆聽他人，不帶評價、不投射、不掌控，促成真誠的對話。在衝突中，無我讓人能從「我可能錯了」出發，而看見更大的整體。
- **發揮影響力**：當一個人不再為了證明自己而行動，就能專注於無我與合一的價值與使命，縱使在成就中，無我讓人不被驕傲膨脹，而是心懷謙卑與感恩，這樣自然會流露出更大的影響力，幫助更多人從小我中解脫。
- **提升覺察力**：無我狀態下，個人更能觀照自己的情緒、欲望與慣性反應，在選擇中，「無我」讓人不被恐懼與欲望驅動，回歸清明與安定，體現自由的自己。

無我不是否定自我，而是發現：「我」從來不是自我中心，而是一直在與萬物共生同在。

教練案例

最近做了一個教練，是關於十年的上司下屬的好友關係，突然感覺要切斷了。下屬 V 找我教練，因為她很傷心，為何她如此敬重的老闆 P，在緊要關頭卻不挺她，她想要放下，但是又放不下這個傷痛。

教練後發現，下屬 V 對老闆有一個期待，是老闆要重情義，還要公正公平，而這個期待背後，V 希望得到的是被肯定，與感覺自己有價值。當老闆 P 同意 V 的主管減少她十年都未曾降低過的獎金時，她感覺自己不被認同，也覺得十年裡她們一起經歷過非常多的大風大浪，似乎都沒有意義與價值了。

教練到最後，我問 V：「為何妳要把自己的價值放在別人的手上？」她也回想起來自己向來都是自我激勵，自我肯定做得很好的人，她完成任何重大任務都沒有需要別人的肯定。再問到她過去的經驗，她的老闆們有做到「公平公正」與「重情重義」的比例有多少？她連一個都想不出來，這時她才體會到自己的期待是否是不切實際的？

最後她告訴我，她的傷心降低了，也願意跟老闆 P 見個面吃吃飯了（她已經離職）。看到客戶這麼傷心，其實都是小我在作祟，如果客戶知道這些情緒與想法、期待都是假的，真正的我是放下執著──對自己、對他人的執著，而進入那個完整的、沒有問題的自己，這時所有問題就都不是問題了。

無我

小我、大我、無我的比較

　　無我介紹到這裡,我想以下頁的比較表讓大家知道差異所在,也做一個總整理,希望能讓大家對於如何從小我走向大我與無我有更清楚的概念。在這裡舉一個我與兩位當代大師相處的「無我」體驗,讓大家更有感覺。

(圖片來源:Canva AI)

小我、大我與無我的區別

項目	小我	大我	無我
定義	身體的我，冰山下的我，由慣性、情緒、信念組成的個體自我	與自然萬物連結的我，體驗整體、共生與流動的我	超越個體的「我」，慈悲與智慧具足的空性之我，為眾生而存在的我
核心感受	匱乏、恐懼、分離、防衛	連結、豐盛、愛與接納	穩定、平等、無限慈悲與清明智慧
身分認同	角色、經驗、他人評價與自我形象	大自然物、自我超越	無固定身分，無我相、法相、人相
行為動機	保護自我、尋求肯定、反應性應對	貢獻他人、實踐價值、回應生命	為眾生利益而行，無所求而生心，自然流現慈悲與智慧
典型語言	「我想要……」、「我怕……」、「這是我的」	「我們是一體的」、「這是共同的願景」	「我不存在」、「本自具足」、「一切有為法，如夢幻泡影」
意識層次	有限、對立、反應性	開放、包容、多元整合	空性、不生不滅、智慧與慈悲圓滿
內在經驗	二元對立（好／壞、自我／他人）	當下的合一、流動感、共鳴與同理	永恆不變的合一，超越時空的如如不動，充滿生命力
心靈狀態	焦慮、比較、執著與控制	安定、信任、愛與平衡	寂靜中有願力，無為中有大做，清明中有無盡慈悲與責任
教練手法	協助意識慣性、防衛與限制性信念	引導連結大我的更大視角、願景、使命與整體感	啟發自性的圓滿、慈悲與智慧具足，引導放下執著與對立，從深層整合利益他人
成長方向	從無明走向覺察	從覺察走向整體連結	從整體走向平等無我，無分別心，入世不著相，出世不離悲願

無我

1996 年我成為慈濟的委員，在慈濟擔任志工的十年間，幸運能有貼身觀察證嚴法師的經驗。記得有一次證嚴法師來臺北行腳，弟子們都在門口跪地迎接，當法師經過我身邊時，我清楚感受到一股「悲願」的強大力量，這個力量讓我不得不下跪，旁邊的師姐甚至還忍不住哭了出來。慈濟的委員們，大部分都是因為證嚴法師的願力而凝聚在一起，為眾生付出而不斷地努力。

　　第二位有幸認識的大師是韓國的頂峰無無禪師，我在 2014 年 11 月認識他，當時我帶著《楞嚴經》，在淒風苦雨的寒冬向禪師請法，禪師一開口說法，整個房間就充滿了能量，外面的淒風苦雨似乎完全不存在了。當時禪師的兩位弟子，我可以感受到慈悲的能量，但是在禪師身上我卻毫無感覺，這跟證嚴法師帶給我的感覺完全不同。後來我才知道，原來這就是「空性」，它是不黏著的能量，當禪師說法時，空性的他與所有佛菩薩的能量結合，整個房間才會有這麼強烈的磁場，但是禪師本身，卻不會產生任何的攀緣與黏著，這時我才真正體會到「空性」是什麼。

　　禪師曾經說，他開悟時祈求佛菩薩不要讓他有任何的神通，光是這一點，就讓我對禪師非常佩服。神通帶來的很可能是攀緣心，如果禪師能展現他的神通，相信會有很多人來皈依禪師、供養禪師，但是禪師能把這些能力都放下，這不是「無我」是什麼呢？

　　2015 年我很榮幸能到韓國的智異山向禪師請法，當時我與老公住在禪師的精舍裡，禪師將最好的房間給我們，自己住小茅屋；吃飯時，自己坐地上吃飯，卻讓我們坐在房間裡用餐。禪師唯一的要求是我們要做早、午、晚課，下午有請法的時間，我們必須提出

問題。

　　兩個星期的相處，我完全看到禪師無我利他的行為展現，他每隔兩天就帶我們去遊山玩水，我還以為這是禪師的日常，後來才知道，禪師擔心我們無聊，特別安排這些參訪的行程。

　　到廟裡參訪時，禪師會向小販買一堆紀念品，我當時不理解，覺得禪師是有事嗎，幹嘛亂花錢？後來才知道是因為禪師看到小販們營生不易，所以即使自己不需要，仍然花錢照顧他們的生意。有一次我們去茶博覽會，禪師看到他的弟子賣冰淇淋，但是生意很不好，無人光顧，於是禪師開始幫忙吆喝客人，贈送大家冰淇淋，很快地冰淇淋攤位就開始有人排隊了。

　　我在臺灣這麼多年跟隨慈濟或參加其他的道場，從來沒有一位法師是像禪師這樣的，他完全沒有架子，不高高在上，也從不要求我們要跪拜他。兩週時間到了，我們要離開時，禪師還向我們頂禮，說我們是未來佛。

　　我在禪師身上看到真正「空性」的展現，沒有任何的執著與依附，有的是大慈悲心與平等心。

　　兩位大師帶給我很多的學習，但是真正讓我想要成佛、學習「無我」的是頂峰無無禪師。我很感恩有這樣的機緣認識了禪師，也很希望把禪師教導我的「無我」體會帶給大家。

　　下面就要談談「無我」與 MCC 職能的關聯，這當然不是佛法裡談到的無我，但它可以是一個在教練裡做到無我行為的指標。我也會分享如何運用「陰影教練」來協助我們放下執著與對立，走向平等與無我。

MCC 核心職能

在成為 MCC 大師教練的過程中，最重要的心法就是「無我」，大師教練的幾個核心職能都與無我有關，茲舉例如下：

・教練邀請客戶用自己來做鏡子，探索與觀察自己現在的狀況

客戶如果要成為鏡子，必須在一個無我與抽離的狀態，才能夠真正做到對自我的探索與觀察。我在做高階主管教練時，碰到客戶很難改變的某個習慣或想法時，常常使用到這個職能，我曾經用過的一個有效方式是：請客戶想像他站在身後的一間玻璃屋裡，可以清楚看見自己與對方的對話情境，這時請他觀察一下自己發生了什麼事？對方發生了什麼事？客戶這時比較容易做到鏡子的角色。心法日記，也在協助大家做這樣的練習。

成為自己的鏡子，對於每個人都很重要，我們每天照鏡子，才能看清楚自己的樣貌，透過五感來看自己，會成為「小我」的自己，但是如果真正地抽離五感，知道這些都是假的，這時就有機會看到真正的自己。

・教練應該表現出對客戶作為一個完整的人的真正興趣和好奇心

完整的人，在下面的陰影教練會做介紹，但是為何我們要重視自己的完整呢？因為當我們相信自己有缺憾，就不容易找到前進的力量，也不容易面對自己。我在輔導一位想要取得 MCC 執照的教練時，發現她就是不相信自己是完整的，於是她不敢面對自己負面

的情緒,教練客戶時也不會去探索客戶的陰暗面,這對客戶及她自己的影響都很大,每天把生活包裝在糖衣下,她無法真正面對自己的過去,也走不出不一樣的未來。

當我們相信自己的完整,那麼任何情緒、想法都值得探索,不會有對自己貼標籤的行為,而相信他人的完整,就不會幫他人貼標籤,人與人之間的隔閡才會消失,我們是一體的才有可能實現。

- **教練展現對客戶「全人」真正地好奇,邀請客戶分享更多的自己或自我認知**

MCC 不管對於自己或客戶,都要有「全人」的概念,全人的解釋是:相信每個人是完整的。下面舉一個高階主管的教練案例來了解教練與全人的應用。

教練案例

總經理 A 在每月固定的一對一談話時,很擔心自己無法做好直接溝通,如何讓自己可以完成一個讓對方感覺安全而且是直接溝通的對話,是這次的教練議題。A 溝通的對象是一位很有能力的高階主管,管理三十多位員工。

教練好奇了 A 的想法感受,原來 A 擔心直接溝通會沒有禮貌,可能讓對方覺得老闆有偏見或者會難過,他期待自己能有禮貌且不帶偏見地表達看法,A 也擔心,對方覺得自己被評斷,認為老闆把他當小孩看,好歹對方也是個副總。

無我

> 　　了解了全貌，教練確認 A 是一位「謹慎」、有「同理心」，且想要「學習成長」的人，這些是客戶 A 的資源，客戶無法有信心地完成這個會談，主要是因為他不相信自己，也不信任對方。當教練協助 A 看見自己的盲點時，帶著他的「成長」與「信任」的資源，A 開始對這個會談有信心了。

　　這個教練會談，先了解了 A 的小我，接著讓 A 感受真實的他是完整的，於是 A 可以對於自己有更多信心，同時也對他的下屬有更多信心。

・教練與客戶完全合作，客戶對教練對話和方向的貢獻等於或更大於教練的貢獻

　　這是 MCC 的「無我」展現，ICF 對於教練與客戶關係的定義是「平行」的夥伴關係，如果教練與客戶完全是平行的關係，而且教練相信客戶有決定自己議題方向的能力，這種職能的行為就會完全展現。

　　下面的對話說明教練如何放手讓客戶領導教練的方向，而這個放手，讓客戶有更多自主權，也讓他為自己的生命負責。

　　教練：好，所以我們來整理一下，目前找到擔心的原因是：過去不好的經驗、覺得團隊成員的能力不足，以及想要完美地完成任務目標的企圖，對嗎？

難行能行

客戶：對的，目前想到的大概就是這三個原因。

教練：你覺得需要探討一下這些原因嗎？

客戶：我覺得需要，因為畢竟就是這些原因造成我的擔心。

教練：如果是這樣，這三個原因你想要先談哪一個？

客戶：謝謝教練，我想說我們按順序一個一個談吧！

・教練不以任何方式主導客戶的行動及學習應用

上面的對話已經說明如何讓客戶主導會談的方向，教練完全不主導，而在學習應用上，教練經常採用開放的提問方式，讓客戶自己談在教練過程中的學習，以及想要的應用。對話如下：

教練：那經過上面的討論，你有沒有什麼學習呢？

客戶：應該是有的，讓我整理一下……主要有三點吧，就是：第一呢，要注意檢查自己思維中可能存在的偏見，例如上面我覺察到自己放大了出問題的機率，未來我要有多一些的批判性思維……

由於這個整理是客戶自己主導的，客戶的印象會更深刻，而且後續教練也讓客戶主導如何將這些學習應用出來，這時客戶就更有為自己當責的感受。

・教練的回應與流動會談的方式是讓客戶領導教練會談

對於一位專業人士來說，這是很難做到的，因為我們相信自己才是專家，但 MCC 的要求是，要**相信**客戶才是他自己生命議題的

專家，教練要能讓客戶領導教練會談，如果教練沒有「平等」與「無我」的心法與信念，這個職能將無法做到。而我看到當 MCC 真正執行這個職能時，客戶說出的想法或期待的教練會談方向常常都令我驚豔，果然客戶才是最清楚自己想要什麼的人。更重要的是，當我們放下控制，客戶就更能夠為自己的議題及生命負責。

- **教練願意展現「我不知道」，並允許自己根據客戶的思維、學習和創意來發展探索**

　　這對於 MCC 是很不容易做到的行為，當教練說：「我也不太清楚答案是什麼，但是我很願意陪同你一起來探索與發想，你願意跟我一起嘗試嗎？」這位教練願意承認自己沒有答案，首先就非常「無我」——不執著於知識我的表現，在 ACC 與 PCC 的階段，ICF 並沒有要求要做到「我不知道」，反而在 MCC 裡要求做到，就我的理解是，MCC 完全能接納自己不是全知全能的，也願意向客戶坦白，當身為教練的我們能真實地面對自己，客戶看到教練的以身作則，才更有可能真實地面對與接納他自己的人生。

　　以上的職能說明，希望大家能了解為何成為大師教練或大師領導人「無我」的重要性。無我可以鍛鍊而來，下面提供達真在 MCC 培訓班裡的教練方法——陰影教練，希望對大家的修練「無我」、找到完整的自己有所幫助。但這只是一個方便法，並不代表「無我」的修練到此為止，它是一段旅程，必須要不斷地探尋，才有可能認識真正的自己是無我的自己，空性的自己，廣大的自己。

難行能行

陰影尋找

在達真的大師教練培訓課程（Master Coach Training Program）裡，嘗試透過榮格的陰影理論，來體會當自己的光與影融合時，感受到「無我」的完整自己的內在力量。

這堂課雖然叫作「陰影教練」，但它其實是「光」與「影」融合的一種教練方式。一般人都很擅長運用自己的光明面，也就是自己的擅長、特質等，但是對於自己的黑暗面或者自己不喜歡的特質，會完全地排斥與拒絕。這堂課的設計，就是要讓我們看到使用自己的陰影的力量，而當我們把自己的「光」與「影」融合在一起時，會感受到自己的廣大無邊，一種任督二脈被打通的感覺。

什麼是陰影

It is everything in us that is unconscious, repressed, undeveloped and denied.

陰影是我們無意識、壓抑的、未發展、拒絕的所有部分。

One does not become enlightened by imagining figures of light but by making the darkness conscious.

想像光明並不會讓你開悟，但讓黑暗有意識地浮現即可。

——榮格

榮格是分析心理學的鼻祖，也是一位通曉西方科學與東方靈學的大師，他的陰影理論對於後代心理學的人格發展研究幫助很大。

我們做教練並不是在做心理諮商，但是能夠了解自己的陰影，仍然會非常有效地幫助我們整合與自我成長，而完整的自己是 MCC 非常強調的部分，所以達真會把陰影教練放在大師教練培訓的課程裡，讓每位想要成為 MCC 的人，先學會整合自己的光與影。

在我做一對一的 MCC 教練督導工作時，有一位申請 MCC 的學員 A，她每次教練都會迴避讓客戶面對他的不足，尤其是情緒面的陰影，當我指出 A 的這個模式，同時也讓她好奇自己為何會迴避時，她發現了其實是她不願意面對自己的情緒，這與她小時候的經驗有關。當 A 發現後，她開始接納與整合自己的陰影，而後續她的教練改進非常大，最後也拿到了 MCC，這主要是因為她的提問，可以讓客戶也面對與接納他們的陰影，成為更完整的自己。

因為陰影是我們未察覺的部分，所以要找到它們很困難，例如：我從小就很討厭不講道理的人（這跟我的成長環境有關），也不容許自己懶散（這跟母親的身教有關），而父親的嚴厲管教讓我在應對長輩時絕對不會衝撞。這些都是我壓抑的、未發展的、拒絕的部分，也是我無意識、沒有使用的陰影部分。

下面我們來談談如何找出自己的陰影。

找出陰影的方法

由於陰影是無意識的部分，在達真我們會用以下方法讓它們有意識地浮現。下面邀請讀者一起來練習：

1. 寫出你最討厭的三個人的特質

　　例如：我很討厭母親的房客，特質是「**不講理**」。

　　　　我很討厭政客，說一套做一套，特質是「**虛偽**」。

　　　　我討厭背後說壞話的下屬，特質是「**不誠信**」。

　　請想想你的周圍，你最討厭的是哪些人？這些人有什麼樣的特質？請寫下來。

2. 觀察你對別人經常有的批判有哪些

　　我覺察到的是「沒效率」、「不守規矩」、「笨」，你呢？

3. 你最怕別人發現自己的什麼特質

　　這題我想了很久，最後寫下「懶惰」，因為我雖然很勤奮，做事情是使命必達型，但是我在晚上是完全不工作的，我需要放鬆，這點我很怕別人發現。

4. 請寫下你最大的三個優點

　　例如：我最大的三個優點是：勤奮、負責任、包容。

5. 請寫下它們的相反特質

　　寫下前面三個優點的相反特質，請不要把「不」字加在你的優點前，盡量想出一個新的形容詞。例如：

優點	相反特質
勤奮	懶惰
負責任	擺爛
包容	斤斤計較

當我們做完上面五個步驟，可以統整一下自己有的陰影可能是什麼，把它寫在下面的表單上，接著勾選三個出來，最好是你自己最不接納的三個，接下來會做陰影的力量的體驗。

陰影選擇	NO	陰影
✓	1	不講理
✓	2	虛偽
	3	不誠信
	4	沒效率
	5	不守規矩
	6	懶惰
✓	7	擺爛
	8	斤斤計較

一個經常遇到的困擾

下一步，我們會邀請學員帶一個自己經常碰到的困擾來，這個困擾必須是經常發生的，如果是一般性的困擾，不太需要陰影的力量來解決，例如我經常碰到的困擾是：「遇見權威與我意見不同時，我會不溝通」、「碰到屢次表達我的想法對方都聽不懂時，我會很不耐煩」，找到這樣的慣性行為，才是陰影可以發揮獨特力量

難行能行

的地方。

在達真的課程裡，會用身體覺察的方式來做這個體驗，讓學員寫下這個困擾，以及三個上面挑選出來的陰影特質，放在地上，讓學員走進每一個陰影特質，運用它的力量來解決這個困擾。由於陰影是我們不願意接納與體驗的部分，所以會邀請學員藉著一個姿勢來體會它的力量。這個做法，幾乎都會讓學員感受到，原來自己那麼討厭的特質竟然有無法想像的力量，而這些經常發生的困擾，很容易就被陰影的力量解決了。

舉我自己的「屢說不聽、不耐煩」的例子，我一想到這個事件，頭就很緊，眉頭糾結，心裡有股氣，這時如果運用「不講理」這陰影，我會做出雙手一攤的動作，意思是你能拿我怎麼樣？我感覺到力量是在脖子跟手，面對我的議題我的新想法是：「聽不懂是你的事情，我說我的，你搞你的，我幹嘛生氣呀！」

接著走到第二個陰影「虛偽」，我的動作是雙手打開，交叉遮面，我感受到的是一種面具背後的力量，力量在兩隻交叉的手，以及透過這雙手後面的眼睛仍然可以洞察，但是有一個保護的力量，這時我的想法是：「我管你懂不懂呀，我顧好自己就好了，我要跟你保持距離，以策安全。」

走到第三個陰影「擺爛」，我的動作是躺在地上，啥事都不做，雙手雙腳敞開，很輕鬆、很自在，這個特質的力量在全身流動的柔軟與開放，當我再次面對「屢說不聽」時，我的新想法就會是：「管那麼多幹嘛，隨她去！」

體驗完三個陰影的力量，回到我的困擾，這時我發現自己太在

意、太用力了，也太不懂得愛惜自己，對於這個「屢說不聽」的人，隨她去就好了，聽不懂是她的事情，我何必如此掛心？我只要盡力即可。下一次，如果我發現說了兩次對方還不懂，我就要立刻放下，拿出虛偽與擺爛的力量。

光影融合

找到陰影的力量通常還不夠，因為我們原先的特質還是要保存的，只有結合了光（原先的特質）與影（隱藏的特質），才能找到完整的自己。如何融合呢？有人喜歡用視覺的方式，有人喜歡用體覺的方式，體覺剛才上面的體驗已經介紹過了，這裡就介紹一下視覺的融合法。

達真的課程會帶領學員用冥想的方式來結合光與影，假設我選擇了「負責任」的特質，它是我的光，「擺爛」特質是我的影，我把「負責任」放在我的右手，想像它的顏色與形狀、重量等，我不是視覺型的人，這個方法對我通常比較無效，但是對很多靠視覺來學習的人，我看到他們的轉化是非常快速且有效的。

我的右手放「負責任」，想像它是一個方塊體，顏色是藍白色的格子紋，它有些重量，感覺沉甸甸的；左手放「擺爛」，它是流質的，像變形蟲一樣的形狀，白色透明，很輕，沒有重量。我讓左右手的特質一起長大，長到跟身體一樣大時，我讓兩手靠近，讓它們融合在一起，這時變化發生了，融合後的形狀是流體包住了方塊，一起往外擴展，顏色變成透明色在外，核心是藍色，方塊體在裡面滾動，邊緣融化了。

難行能行

接著我把這個結合後的物體放在身上的某個部位，給它取個名字，我會叫它「流動的原則」，讓它充滿我的全身，當這個融合發生後，再注滿我的全身，我感覺到一股生命力，它不再是僵硬的原則，反而很有彈性，但是也很有力量。

再次帶著這個「流動的原則」的力量來面對我的議題「屢說不聽」，這時我會把自己流動的能量帶給對方，將她包在裡面，我會跟她說：「沒關係，聽不懂不是問題，等妳再想想，不急！」我們一起在這個流動的能量場裡互動，就像銀河系裡交錯而過的流星，彼此都會閃閃發亮。現在有感受到陰影教練的力量嗎？你可以找一位達真專業班畢業的教練來教練你，讓你有這種很棒的體驗。

負責任　　擺爛

上面的體驗如何運用到教練呢？其實也不難，要注意的是，這個教練對象必須是比較開放而且願意覺察的人，如果是很固執的案主，就不適合使用這個教練法。另外，陰影教練的目的，是讓客戶找到自己的完整，下面這個案例會讓大家看到，客戶本身的「和諧」特質原先被她以負面看待，因此教練的效果差點出不來，還好教練運用自己的覺察與觀察回饋給客戶，讓客戶重新掌握這個特質的力量。這樣的過程，在教練中確實會發生，客戶無法在第一時間看到或感受到自己的完整，這個完整是指客戶不喜歡的與喜歡的特質的結合，這兩股力量都發生，才是真正的完整，過程需要教練的引導。

教練對話案例

下面的案例，客戶是 J，教練是 M，客戶有一個經常的困擾是：當意見不合時，不敢表達自己的意見，想要改變。教練對話如下：

M：J，我們今天有 30 分鐘的時間，那妳想要談的議題是什麼呢？

J：我想要談談我的一個困擾，就是常常有一些話講不出口，然後怕東怕西的。

M：嗯嗯！有話講不出口，是針對特定的人嗎？

難行能行

J：嗯，好像也沒有特定的人耶，就是如果跟人家意見不同的時候。

M：那妳可以舉一個最近的例子嗎？

J：最近的例子啊⋯⋯如果是生活上的例子其實都很小，譬如那天，過年有一天，親戚來我娘家，然後媽媽就說要買披薩，我想說不是昨天才吃披薩嗎，可是我又怕媽媽生氣，就不說了。我說那多買一點雞腿好了，因為要去 Costco 嘛，雞腿可以給小朋友吃。

M：喔！所以這到底會帶來什麼困擾啊？這個有話講不出口，意見不同的時候。

J：嗯，我覺得那個困擾就是，我最後還是沒有吃披薩，就是我還是會想照我想的做，我沒有事先講出來。

M：喔～所以困擾是依照別人的意見以後，妳其實是會不舒服的，就是說妳不會想去執行這件事。

J：對。

M：好，所以今天透過 30 分鐘，妳想得到什麼結果？

J：我想說我應該，也是希望我⋯⋯其實我是矛盾的，因為我知道自己不想講是怕破壞和諧，覺得講了會破壞和諧，所以我其實不知道該怎麼辦，因為我覺得應該要表達，可是一旦表達了、破壞了和諧又不是我要的，所以常常處在這個矛盾中。

M：所以是這個矛盾妳想要解開，是嗎？

J：對！

無我

M：所以妳今天想要得到的結果是能夠講出口嗎？妳想講的就講出口，而且獲得和諧嗎？

J：對！對！

M：很好啊！那這件事為什麼對妳那麼重要？

J：因為我很在意和諧嘛！但我也是一個很在意自主的人。

M：嗯～聽得出來～

J：我覺得取得平衡對我很重要，就是我兩邊都可以舒服。

M：嗯嗯！好啊，那我們今天30分鐘結束以後，妳怎麼知道自己達到這個目標了？

J：我如果有看到那個和諧的點，平衡的點，我覺得好像就是一個進步了。

M：好！那這個平衡點，妳看到的是什麼畫面啊？

J：就是我可以表達自己的想法，然後對方也願意聽，也可以討論。

M：很棒啊！那個畫面的感受是什麼？

J：那感受是……就是好舒服喔！突然整個人都可以伸展了，每個人都是自由的，然後都是平等的。

M：喔～很棒啊！所以妳很重視自由、平等跟和諧。

J：對。

M：很棒，很棒。妳舉的披薩的例子，假設妳做成了，能夠表達出來，妳覺得是什麼力量讓妳表達出來？

J：力量啊？什麼力量讓我表達出來？就是說出來：「不要

再買披薩了」，這樣子？

M：對啊！

J：勇敢吧！

M：很好啊！那個不勇敢的妳，到底她在意的是什麼？

J：怕衝突。

M：就是一個非常和諧的 J 在那邊，然後她委曲求全了。那我們來想一下，那個和諧的相反，妳會用什麼形容詞？

J：就是衝突。

M：好啊！假設妳現在是一個剛出生的小嬰兒，躺在嬰兒床上，什麼都不懂，妳不了解和諧是什麼，也不了解衝突是什麼，就是什麼都好奇，妳可以想像自己是這樣一個小嬰兒嗎？現在正躺在嬰兒床上。

J：嗯～

M：想像一下這個小嬰兒，假設她是一個衝突的小嬰兒，這個衝突的特質在她全身充滿了……

J：嗯（閉眼想像）。

M：那這個衝突的小嬰兒，假設她能說話，她會表達什麼？

J：我昨天才吃的！不要不要！

M：哈哈哈哈！很好～不要不要，然後那個要去買披薩的這個媽媽，她會覺得怎麼樣呢？

J：啊！這個小 baby 不吃啊！那買一個她要的給她。

M：嗯，這個媽媽好像也沒有覺得被衝突到是嗎？

J：對。

M：所以我們來感受一下，這個衝突的小嬰兒，她的力量在哪裡？

J：我覺得在胸口。

M：喔～太好了！妳感受到什麼樣的力量？

J：覺得有釋放出力量的感覺，就是那個力量是往外洩的。

M：假設有一個姿勢，妳會怎麼做這個姿勢？

J：我好像會想要整個伸展開來。

M：喔～太好了，那我們就維持這個姿勢感受一下，妳就是那個衝突的小嬰兒，感覺一下身體哪裡有感覺？情緒是什麼？

J：就覺得我好像更想大口大口地呼吸，然後覺得氣有出去了，整個人是廣大的、擴大的，這樣子。

M：好棒喔！那我們帶著這個J，胸口是整個開展出來了，氣可以大口地呼出來，很自由的一個感覺，是嗎？

J：對。

M：帶著這個自由的、衝突的妳，回到剛剛的場景，媽媽要去買披薩，這個的J會跟媽媽說什麼呢？

J：我會說：「媽媽！我們昨天才吃披薩，還是我們買少一點，然後加一些別的東西？」

M：嗯！那說出來這個，妳感覺怎麼樣？

J：好像還滿輕鬆的。

M：喔，很好，那媽媽聽了，妳覺得她會怎麼樣？

J：應該會想一下，也覺得滿合理的啊！

M：好啊～所以剛剛這個改變，妳帶著衝突的妳，來面對這個事情，內在發生了什麼樣的轉化？

J：就是那個舒服的感覺，讓我覺得應該要順從這個舒服，感覺打開是舒服的。

M：所以妳對自己的學習是什麼呢？

J：我覺得自由對我很重要，而且衝突並不見得會發生，是我自己想像的，所以不應該假設我說出來就會有衝突。

M：那下次又面對別人跟妳意見不合的時候，妳會怎麼拿出來應用呢？

J：我覺得我會想一下這個感覺，甚至可能會去比一下這個姿勢，感受一下這個感覺，我覺得那個力量會來。

M：喔～好棒喔！妳有多少的信心呢？

J：我覺得有7～8，7分。

M：7分，那夠嗎？

J：可能要8分會更好。

M：好啊！那個8分的自己跟7分的自己，差異是什麼？

J：我覺得我現在可以，可是當真正面對的時候，會有點不確定。

M：好啊！那我們是不是可以把那個衝突的J，真正地帶在身上，再把和諧的J找回來如何？和諧在妳身上的哪裡？

J：和諧……因為剛剛已經讓衝突都充滿了，和諧我覺得它

似乎還在，但好像被壓抑了。

M：它還是一個妳很好的特質喔！我們邀請和諧回到 J，妳感受到它了嗎？它的力量在哪裡？

J：我覺得也是在心裡耶！

M：也在心上，那跟剛剛那個衝突的差異是什麼？

J：我覺得那個衝突好像比較是要外擴，已經到胸口這邊要出來。

M：力量比較大，它是往外的；和諧比較是往內的，是嗎？

J：對對！

M：那我們來試著結合這兩個力量好嗎？

J：嗯嗯！

M：那如果是和諧的 J 有一個動作的話，它會是什麼動作？

J：我覺得好像會是這樣子（比出動作）。

M：喔～很好～這個是和諧的妳，那我們先感受一下，這個和諧的 J……那個感受在什麼地方？在身體哪裡有感覺？

J：好像沒有我想像的放鬆，雖然是在這裡，但是有一點點緊繃，然後我覺得……那個和諧的表象是平靜的，可是我感受到和諧的內在有一點委屈。

M：所以妳看到它的優點，可是也感受到它的限制，是嗎？和諧的優點是什麼？

J：和諧的優點啊，就是至少表面上是沒有衝突的，互相客客氣氣的。

M：好啊！我剛剛跟妳做一樣的動作，手搭在心上，我感受到溫暖、和諧，心臟這邊還是滿暖的，妳有這個感覺嗎？

J：它出發點是暖的……是！是！（重新感受）

M：那我們現在把那個衝突的妳加進來，但還是保有這個溫暖，和諧的溫暖，衝突的妳剛才姿勢是這樣嗎？（比出姿勢）

J：對～

M：好～那再進入衝突，把兩個疊加在一起。和諧的妳還在心，心臟的溫暖還在，現在再感受一下衝突的J，它也是妳的一部分……如果有一個不同的動作展現這個融合後的妳，妳會用什麼動作呢？

J：我覺得好像是這樣的動作吧！（比出動作）

M：這個是什麼感覺，可以描述一下嗎？

J：就是我也是展開了，可是我的手離我的心比較近。

M：喔～了解！這時候有帶著和諧嗎？

J：好像有。

M：同時妳還是有展現妳的衝突，是嗎？

J：對！

M：這個時候，妳的力量在哪？

J：我覺得就變整個核心，整個身體是我的核心，整個軀幹這邊。

M：都是核心，跟剛才動作的差異呢？

J：衝突是好像要飛奔出去的；這個是自己比較穩的，我又

可以出去，又可以穩。

M：好棒喔！妳的敏銳度很好耶！馬上可以知道那個差異，好讚！假設這個 J，帶著妳的和諧的穩定，跟衝突的飛奔出去的力量，那現在我們再來面對跟媽媽意見不一樣的時候，那這個妳會如何表達……

J：「媽～我愛妳～我們昨天才吃過披薩，我知道今天有一半的客人沒吃過，那我們就買一個披薩，另外買一些昨天吃過的人可以吃的東西。」

M：哇～好不一樣的回應喔！可以告訴我妳轉變的原因嗎？

J：就是……我覺得是教練提醒我那個溫暖，我的溫暖還是在，只是因為我有別的想法，我如果用溫暖當出發點，覺得對方可能比較願意聽我的想法。

M 好棒喔！我剛聽了都覺得好感動～現在我們談到這裡，妳覺得那個平衡有達到嗎？

J：有！有！

M：那妳準備怎麼樣去落實今天的學習呢？在每一次意見不合的時候，妳會採取怎麼樣的行動？

J：我會想把「希望大家都好」的那個溫暖的心先出來，然後看一看，也先同理一下對方嘛！然後看一看整個局勢，再勇敢地表達自己。

M：妳需要什麼資源來協助妳做下一次的面對呢？

J：我覺得就是那個勇於表達自己的勇敢啊！不確定自己做

不做得出來？

M：那剛剛怎麼做到的？

J：剛剛就是我去感受那個力量，那個很自主的自己，去感受那個自己可以出來是很舒服、很喜歡的，就會很想這樣做。

M：那這個能帶動勇敢的自己嗎？

J：可以！

M：那會不會有什麼阻礙？

J：阻礙⋯⋯可能如果那個人是比較凶的人，哈哈哈～應該可以試試看！

M：喔！好啊！妳腦袋裡有人選嗎？可以拿來實驗一下。

J：爸爸。

M：很好啊～會想要在他人身上實驗一下嗎？

J：會會會⋯⋯

M：哇，太棒了，我看到好有勇氣的J耶！這個勇敢妳一直都有耶！

J：有。

M：好棒喔！我看到好大的信心！現在信心有幾分啦？

J：有8、9分，有9分！

M：太棒了！這個增加了1、2分是什麼原因？

J：我覺得就是有一個動力在這邊，好像就是那個自我，好想出來，我覺得那是我很大的資源，壓抑太久了。

無我

以上的陰影教練的對話，希望帶給大家一些感動與啟發，我們每個人都可運用自己陰影的力量，讓自己更完整。邀請你找一位教練，協助你找到完整的自己！

　　最後我用下面這首 ChatGPT 寫的〈無我之光〉的小詩，來做本篇的結尾，也祝福大家找到「無我之光」！

無我之光

我不是風，卻願為你拂去塵埃。
我不是燈，卻願為你照見黑暗。
我不是名字，也不是故事，
我是那無聲中仍願行走的願。

當我忘了我是誰，
每個你，都成了我的方向。
當我不再抓住什麼，
萬物皆可穿我而過，留下慈悲的光。

願我消失，成為心中的清明，
無我，不是空空如也，
而是，無限如海。

無我，不是空無一切，
而是成為一切。

難行能行

無我之光

反思與行動

反思提問：
1. 如果這一生不是為了滿足「我」的需求，那我願意為了什麼而存在？
2. 當我放下對成功、地位、肯定的追求，會感受到什麼？
3. 我真正相信自己是完整與圓滿的嗎？如何確認？
4. 當我知道所有看見的、聽見的、感受到的、想要的，都是大腦的推測，並不是真相，我會如何看「我」？

行動計畫：
1. 無我儀式：寫下三個來自小我的願望，燒掉或撕掉它們，然後問自己：「此生若為眾生而活，我願意活出怎樣的自己？」
2. 無我行走：找一天，用「服務他人」作為主要行動原則，從早到晚，觀察當你不以自己為中心時，世界如何回應你。

總結

　　這一部的重點在談成為大師必須要走向「無我」，而小我與大我是走向無我的過程，要認識小我的執著，可以從行為、感受、想法、模式、期待、渴望等面向著手，解開這些執著則可以走向大我或無我，本章也提出很多教練的方法，來讓讀者解開這些執著。

　　至於「大我」與「無我」到底有什麼重要的區別呢？「大我」還是有一個自然物的依附，成為比較高層次的自己，雖然「大我」已經讓「我」進入一個更寬廣與包容的境界，不過還是沒有完全放下執著，只有在「無我」時，我們才真正能放下所有的執著與依附，也才能找到「不二」與「合一」對自己，享受到真正的自由與快樂！

　　我自己也還沒有做到真正的無我，這要開悟的人才能真正體會無我的境界，但是偶爾在靜坐或聆聽時體驗到的「合一」感，就已經讓我很感動，會不想放下與離開那種境界，這只代表我是凡人，「貪」念還是很強，無法完全放下。諸位讀者應該大部分都跟我一樣，仍然有貪念，會生氣，有執著、慢心與懷疑，這些都是過程而已，只要大家想要成長，每天觀察自己多一點，找到真正的自己，走向最後的「無我」境界就指日可待了！

結語

難行能行的啟示——覺察自己，成就他人，走出你的第一

一、難行能行，不只是我的故事

　　這本書是我生命的一次總整理。它講的，不只是我如何成為臺灣第一位 MCC 大師教練的故事，也不是要說明我多努力、多堅持，而是想告訴你：**這條難行能行的路，每一個人都可以走**，難在我們沒有設定難行的目標與方向。

　　為何我們沒有設定這樣的方向呢？因為人都喜歡待在舒適圈裡面，就像我當初申請 MCC，如果不是因為同儕的需要，我在 PCC 的狀態裡是很舒適的，我的教練學校、學員、客戶都很認可我，為何還要自找麻煩？當初我也看不到申請 MCC 的意義與價值，直到拿到 MCC，我才真正體會到它的價值，如果沒有走上這條邁向頂尖的學習之路，我不會了解真正的大師教練的風範，也不會像現在這樣，這麼想要追求這樣的風範。

　　所以，對於同樣有舒適圈需要的讀者們，這很正常，但是如果你想要看見自己的潛能被開發，發揮更大的影響力，請往前跨一步，踏出你的舒適圈，以成為你這個行業的頂尖人物為目標，不管它有多難，要走多長的路。你在追尋的路上，絕對會有非常多的成長，也會看到自己更大的可能，即使最後沒有達到頂尖，你也一定不會後悔，因為你已經跨出舒適圈了。

　　邁向頂尖的「難行」，是因為這條路沒有地圖、沒有方向、沒有保證，而我們的生命中，有許多次這樣的機會。「能行」，是因為你有一個願──一個不為自己，而為更多人點燈的願。在你遇見這樣的機會時，是否能許下這樣的願？

但願力的真正起點，是自我覺察。如果你無法看見自己內在的恐懼、執著、慣性反應，那麼再大的夢想也可能變成逃避，再崇高的目標也可能只是換個方式證明自己。本書介紹非常多自我覺察的方式，最終目的是想讓大家相信自己的完整與本自具足，找到真正的自己——無我利他的自己，才能達到難行能行的終點。

覺察，是難行能行的起點與持續力量。因為你看得夠清楚，才知道該走哪裡、該放下什麼、不該執著什麼。覺察，也才能夠讓你擁抱孤獨，度過難關。

二、什麼是「創造自己的第一」？

「第一」不是地位的高低或與人比較的結果。「第一」是那個**你為之全心投入、願意日復一日、即使沒有掌聲也持續堅持**的方向。

你的第一，來自內心深處的覺察與選擇。當你看見自己的渴望，願意不被它綁住；看見自己的恐懼，願意與它同行；看見自己利他的目標與意義，你會義無反顧地向前邁進，那時，你就不再只是被生命推著走的人，而是**真正能為自己出征的人**。

三、真正的力量：無我利他，從覺察開始

你可能會問：「我也想成為卓越的人，但我哪裡來那麼大的動

力？」我的答案只有四個字：**無我利他**，但這四個字的基礎是——**覺察**。

當你能夠觀察自己內在的浮動，放下「我是誰」的焦慮，才有空間看見別人的需要。當你能夠分辨哪些是小我的慣性、哪些是真正的心願，才有力量讓行動更純粹。

無我，不是沒有自我，而是放下執著的我；

利他，不是犧牲自己，而是擴大自己，活成光與橋梁；

覺察，則是點燃願力的火種，讓無我與利他得以持續。

四、給讀者的邀請：你的願，是什麼？

在讀完本書的此刻，請你停下來，問自己：
- 我真正渴望成為什麼樣的人？
- 我願意為誰而行？為什麼而行？
- 若我不再執著於「我夠不夠好」，而是問自己：「我願意創造什麼影響？」
- 我今天最需要覺察的是什麼？

你不需要成為我，也不需要成為任何人。你只要成為**那個願意覺察、願意行願、無我而行的自己**，就會踏上你自己的第一。

五、行動建議：讓難行，成為你的日常能行

每日五分鐘覺察筆記：每天寫下一件觸動你的事，問問自己：這件事背後，我的渴望或恐懼是什麼？

每週一件利他行動：主動做一件「沒有期待回報」的事，觀察內心的變化。

設定你的「難行」挑戰：選一件你一直想做、卻總覺得困難的事——開始行動，**並在每次卡住時寫下一句：我現在卡住的是什麼？接納與看見自己的卡點，問自己：我的利他之願是什麼？**陪自己穿越它。

六、讓我們一起啟動這句話

我願意，以無我之心、利他之願、覺察之光，走一條難行能行之路。

這，就是你此刻的啟程。

難行，正是因為值得。

能行，因為你已經準備好。

從覺察開始，為世界照亮一段無聲的光。

（圖片來源：Canva AI）

NOTES

國家圖書館出版品預行編目(CIP)資料

難行能行：教練的力量,從利他到卓越/梅家仁著. -- 初版. --
新北市：張老師文化事業股份有限公司, 2025.09
288面；15*21公分. --（教育輔導系列；165）

ISBN 978-626-99237-6-2（平裝）

1. CST：領導理論　2. CST：自我實現　3. CST：利他行為

541.776　　　　　　　　　　　　　　　　　　114010386

張老師文化雲平台

App下載（通用）

教育輔導系列 N165

難行能行：教練的力量，從利他到卓越

作　　者／梅家仁
總 編 輯／萬　儀
特約編輯／李美貞
封面設計／李東記
行銷企劃／呂昕慈

發 行 人／葛永光
總 經 理／涂喜敏
出 版 者／張老師文化事業股份有限公司Living Psychology Publishers Co.
　　　　　100003 臺北市中正區重慶南路一段 66-1 號 3 樓
　　　　　郵撥帳號：18395080 電話：(02)2369-7959　傳真：(02) 2311-5368
　　　　　讀者服務E-mail：sales@lppc.com.tw
　　　　　網址：https://www.lppc.com.tw/（張老師文化雲平台）

Ｉ Ｓ Ｂ Ｎ／978-626-99237-6-2
定　　價／380 元
初版 1 刷／2025 年 9 月

法律顧問／林廷隆律師
排　　版／菩薩蠻電腦科技有限公司
印　　製／大亞彩色印刷製版股份有限公司

＊如有缺頁、破損、倒裝，請寄回更換＊版權所有，翻印必究　Printed in Taiwan